全新间隔锻炼及超健康理念

——57年体卫结合之探析

庄寿强　著

人民体育出版社

图书在版编目（CIP）数据

全新间隔锻炼及超健康理念：57 年体卫结合之探析 / 庄寿强著. -- 北京：人民体育出版社，2021

ISBN 978-7-5009-6003-4

Ⅰ. ①全… Ⅱ. ①庄… Ⅲ. ①体育锻炼—研究 Ⅳ. ①G806

中国版本图书馆 CIP 数据核字（2021）第 034471 号

*

人民体育出版社出版发行

三河兴达印务有限公司印刷

新　华　书　店　经　销

*

710×1000　16 开本　10.5 印张　173 千字

2021 年 10 月第 1 版　2021 年 10 月第 1 次印刷

印数：1—2,500 册

*

ISBN 978-7-5009-6003-4

定价：42.00 元

社址：北京市东城区体育馆路 8 号（天坛公园东门）

电话：67151482（发行部）　　邮编：100061

传真：67151483　　邮购：67118491

网址：www.sportspublish.cn

谨以57年体卫结合锻炼的实践与探索，祝愿：

爱动脑筋独立思考的运动爱好者
不愿盲从专家权威的健康追求者
积极建立健康学科的创新探索者
身体超健康！

序 言

认知、时间管理、运动方法和饮食习惯是决定身体健康的重要因素。现代社会中人们工作压力不断的增加和自己可支配时间不断的减少，导致的是身体活动和体育活动的减少、过量饮食的摄入及不良生活习惯所导致的身体健康问题越来越多。现代研究发现：自觉地、经常参与身体锻炼的人有更高的心理健康水平和抗挫折能力。身体活动不足已经成为21世纪最大的公共卫生问题，健康受损主要是因为饮食和身体活动之间的不平衡，严格控制饮食，持续的参加身体活动和进行规律的锻炼，这样的结合能维持良好的健康。“运动是良药”无疑是一个非常正面和积极的口号和宣传，而这本书的出现无疑也能起到这样的宣传作用。

我与庄寿强教授素昧平生，当有人辗转将庄寿强教授的大作《间隔锻炼法》的初稿交给我，希望我作序时，我的内心是有点挣扎的。一方面，我又觉得面对古稀之年的庄教授，我的资历似乎还不够。另一方面，这本书是庄教授从自身的经验和实践出发，确实对普通大众来讲，能够起到很好的借鉴作用。此外，我跟矿业大学还有着一定的渊源，当我来清华开启职业之路时，当年引进我的清华大学体育教研室主任曹宝源先生是以篮球闻名于高校，曹先生当年告诉我清华20世纪五六十年代的主要对手就是曾长期担任中国矿业大学体育部主任的马中华先生领衔中国矿业大学篮球队。我后面因为工作关系，有幸认识了马中华先生，他长期担任中国大学生田径协会的秘书长。2002年，中国大学生田径协会的主席单位由中国矿业大学转为清华大学后，我担任常务副秘书长，马先生退休后定居北京，离清华很近，我常去拜访他，而马先生也从多个方面给予我无私的、无微不至的关怀和指导。我感受到了马先生的人格魅力和无私精神，对马中华先生充满了崇敬，对中国矿业大学也是充满了好感。由于有了这样的关系，我似乎应该做点什么，这样既可以回馈马中华先生，又可以借此普及体育知识；我本人专业是运动人体科学，特别是运动医学与康复、各种健身锻炼方法的比较等方面，我是有充足信心的，但在提供一手材料、身体力行地介绍和推广间隔锻炼法方面，我确实是晚生后辈，做得还很有限，还需要向庄教授取经学习。在庄教授等人的坚持下，我答应看看庄教授的大作，力争写点什么。

我得承认，因为工作头绪多，我看得并不仔细，领略也不一定准确。在我看来，庄教授的大作令我印象深刻的是这样几点。

第一，本书作者并不是专业体育工作者。庄教授是一位地质学教授，曾经在青海的茫茫戈壁留下了青春的汗水。为了胜任野外考察的工作，他在年轻时就信奉地质界流行的“没有体质就没有地质”理念，有意识地把体育锻炼融入地质工作，采用边学习边探索方式，进行了有原始记录、有思考分析、有总结提高的体育锻炼。作者在半个多世纪持之以恒的锻炼实践中，探索出了实用的间隔锻炼法，并对该方法进行了细致的分析。间隔锻炼法的科学道理在于运动和恢复，只有科学的恢复才能有更高质量的训练，也更符合人体的生物节律和复原规律。

在我看来，矿业大学的首要特色当然是煤炭、能源和资源，第二特色可能就是体育。正是有了众多像庄教授这样的领导、教师和学生的共同努力，才成就了矿业大学在当年八大院校中的独领风骚，成就了屡屡搬迁、屡屡从头再来、逐鹿中国高校竞技与群体活动的勃兴，成就了无数矿大学子昂扬乐观行走天下和探宝开矿、服务国家建设的辉煌。

第二，作者是身体力行的探路者和实践者。从本书的介绍可以看出，庄教授能够 57 年如一日，持之以恒地保持很好的生活习惯和运动习惯，堪称自觉运用间隔锻炼法的理性探索者和健康受益者。正是有了这样规律的生活和锻炼，庄教授才能够始终保持旺盛的精力完成自己的教学工作、科研工作和管理工作，创造了“三无二精”的从业纪录，这是非常难能可贵的，也是很有说服力的。

第三，作者是一个很认真的人，也是那个时代又红又专的人，从现代角度和价值观来看是中国应该培养的中国社会主义的支持者和建设者。老先生当年锻炼的目的就是一切为地质工作服务，把自己的成长和国家的发展紧密的联系在一起，让我不禁想起，中国现在的发展和国际地位就是建立在这一批批老一代人的奉献的基础之上。

清华大学有一个很著名的口号——为祖国健康工作50年。据我所知，庄教授虽然退休多年，但一直笔耕不辍，写论文、指导青年教师、参与淮海经济区高校的各种活动、参与创造学的提出与发展、开办健身讲座等，不仅让自己的生活丰富多彩，而且还感染和带动了身边的很多人，真正践行了健康工作50年的理念。

第四，作者勇于探索的精神令人钦佩。为了更准确表述间隔锻炼的含义，作者对人们非常熟悉的运动等概念进行了探索。在我们专业人员看来，庄教授的很多工作可能还比较粗浅，带有自我探索的特色。比如，他提出的“运动度”的概念，描述的“三无二精”状况，引申出的与运动度相对应的“健康度”概念等，这些名词或概念在运动医学和康复医学中并没有，但有相似的概念和表达，庄教授的一些提法还显得不够规范。但是，作为非体育专业人员，庄教授能够通过自发的运动和锻炼提出这样的问题并发现一些内在的规律，这本身就是非常不容易的，也是非常令人钦佩的。我觉得，庄教授在本书中呈现给读者的不仅是他的热情和执着，还有他对丰富人民生活、提升人民健康水平的殷殷期待。他对身体健康状态的划分，对健身、养生与炼身融合的追求等不仅值得普通健身爱好者借鉴，也同样值得体育专业人员学习。

最后，衷心祝愿有更多的人能够读到本书并从中受益。祝愿庄教授永远保有这样的干劲和健康！祝愿矿业大学继续保持本色，为国家的能源事业培养更多更好的栋梁之材。

是为序。

马新东

2021年2月4日于清华园

导 语

生命在于运动，生命同样也在于静止；生命的质量，即“活得好”在于运动，生命的数量，即“活得长”则在于静止。可见，既要活得好，又要活得长，就应该既运动又静止——间隔锻炼（法）由此而诞生。

运动与锻炼是两个不完全相同的概念，如不加以区分，在日常交流和学术研究中常会歧义丛生，误解频发，既模糊了人们对运动健康理念的共同理解，又影响了运动中的实际运作。

对运动者而言，标准不可能千篇一律。不同性别、年龄和体质的人，其运动标准也不可能完全相同。所以，每一个人的运动都必须具体问题具体分析——只有适合他自己健康的运动才是科学的运动，才是适量的运动。

依据运动负荷量的大小，运动可划分为训练、锻炼和活动（狭义）三个子概念。由此，就像所有的鱼类都可叫做动物，但不是所有的动物都能叫鱼类一样，所有的锻炼都可叫运动，但不是所有的运动都能叫锻炼。

不了解车辆的最大载重量，你怎么能保证“不超载”？不知道自己运动的最大负荷量，你怎么能做到运动的“适量”？

什么叫“适量”运动，不同人之间“适量”的标准是不可能统一的，但“适量”的规律却是相同的，所以，运动者应该懂得并掌握这个相同的规律。

对运动过量的认识可以分解为单次运动过量和累积运动过量两类。间隔锻炼（法）有着比较严谨的含义，只要遵照其“锻炼”的含义，就可以避免单次运动过量；只要遵照其“间隔”的含义，就可以避免累积运动过量。所以，真正按照间隔锻炼（法）的规律来运动就完全可以避免运动过量，从而达到适合个人的“合理”运动目的。

你有时间每天锻炼吗？你有必要每天锻炼吗？你有可能每天都锻炼吗？所谓“每天锻炼”，在理论上尚缺乏充分依据，在实践中又难以长期坚持，它容易使一些人坠入“为了锻炼而锻炼”的误区。与此相比，“为了不锻炼而锻炼”的间隔锻炼（法）明显具有多个方面的优势。

“每天锻炼者”自我感觉其效果良好，若改为每隔一天锻炼一次效果也很好，那么每隔两天呢……最终你会惊奇地发现其锻炼效果大体相同的最佳间隔天数，从而在进入间隔锻炼中极大提高了锻炼效率。

本书提出的“间隔锻炼（法）”，其概念、内容、意义和相应的具体做法完全不同于当下体育界中已经存在的“间歇锻炼法”。

50多年来，我探索性地走出了一条与众不同持之以恒的锻炼之路，收获了“三无二精”式的超健康，既保证了我在学术上高效的科学研究，又提升了平时的生活质量。

人们常把事物性质变化的程度叫做“度”。例如，把物质软硬变化的程度叫硬度，把冷热变化的程度叫温度，把空气潮湿的程度叫湿度……由此，我们可将人体运动负荷量变化的程度叫做运动度，将人体健康状况变化的程度叫做健康度。

运动者可以参照各自的最大运动负荷量进行相对运动等级的划分，由小到大依次划分为10个等级，即10个运动“度”。其中，大于8度的运动叫训练，小于3度的运动叫活动（狭义），而锻炼，则是指3~8度的运动。只要运动者将运动负荷量控制在3度与8度之间，那么他的单次运动就是“安全”的，就不可能“过量”。

从学术上看，运动或许可划分为第一系统运动和第二系统运动。前者是动物和人类所共同具有的本能性运动；后者是人类在一定思想支配下产生的独特运动。科学区分两类系统运动是促进人类健康的一条重要途径。

人应该是在一定理念指导下进行运动的，理念正确会对健康有益，而理念错误则对健康有害。所谓不受任何理念指导的随意运动，则只能归属第一系统运动，与动物运动的区别不大。

“间隔锻炼（法）”，在理论上也催生出与传统“亚健康”相对应的“超健康”概念，由此在客观上对健康概念作了周延。

在同样属于健康人群中，不同人相对健康的程度，即“健康度”，可能是不相同的。健康度可以用不同的相对等级来表示，其中，−3~−1级为不健康，0级为亚健康，1级为健康，2~4级为超健康。经验表明，健康等级与运动度之间存在一定的正相关关系。

世界卫生组织提出的“健康促进”，其实质是对人们相对健康程度的升级。

医学主要不是研究人们身体的健康，而是研究人们身体的不健康（身体“患病”），以及怎样把不健康转变为健康（“治疗疾病”），人的身体一旦健康没病了，医学就很少关注了。健康，特别是健康升级，更应该成为体育的主要研究对象。

医疗和养生可以使人达到和保持身体基本健康，健身可使其达到和保持较高等级的健康，只有炼身才能达到和保持高等级的超健康。由此，发展社会的健康事业，需要依靠医疗和体育两方面的共同努力。

超健康状态主要是指人在不良、不利、不正常甚至恶劣环境条件下仍能保持健康的状态。因此，超健康状态本身就是对各种疾病更积极、更主动、更有效的进攻性预防，也是对长期保持健康的资源性储备。

单靠专家几句传统的养生秘诀，或者几个简单的肢体动作，是很难获得超健康体魄的。要获得能经得起风浪的超健康体魄，就得像“幸福都是奋斗出来的”一样，只能靠锻炼。

表面看来，每个人都在追求健康。其实，一旦认识到健康度和超健康理念，那么你自然就会去追求更高等级的超健康。

在可以追求到同样的超健康等级前提下，应该有意识地减少对锻炼的投入（含锻炼的时间投入和体力投入等），这样才会不断降低获取健康的成本，事半功倍地达到超健康目标。

运动最多达到七八度，吃饭更宜接近七八成（饱）。养生、健身和炼身是人生完整的健康升级“三部曲”，走向超健康的炼身之路其实就在您脚下。

含有“超健康”的“四健康”观认识，是对传统“三健康”观（不健康、健康和亚健康）认识的补充和完善，它将更加有益于人们理解并贯彻中共中央、国务院《“健康中国2030”规划纲要》的精神。

党和国家对人民健康的极度重视，时下健康产业的迅猛发展，全社会对健康认识的不断深化，广大民众对真正健康知识的渴切需求——所有这些都在呼唤体医融合的全新“健康学”学科的诞生。

当前健康方面已取得了众多研究与教学成果，加上“超健康”理念引申出相对健康与绝对健康、局部健康与整体健康、有意健康与无意健康、主动健康与被动健康及动健康与静健康等一系列健康方面的新理念，所有这些既周延了健康概念的外延，又充实了健康概念的内涵，由此可以初步形成体医融合“健康学”学科的雏形。

前 言

下棋找高手，弄斧到班门。这是我一生的主张，只有不怕在能者面前暴露自己的弱点，才能不断进步。

——华罗庚

自信是成功的第一秘诀。

——爱默森

汝果欲学诗，功夫在诗外。

——陆游

甲学科中一项普通的事实、原理或技术，应用于乙学科时，可能非常新奇而有效。

——W. L. B. 贝弗里奇

一

中国自古就有“隔行如隔山”之论，但同时又有“隔行不隔理”一说，即在不同行业、不同学科的具体知识之间虽然可以相去甚远、互不关联，似有“隔山”之感，但是，它们内部所包含、所依据的基本规律或基本原理却极可能十分密切、互相沟通甚至彼此兼容。这些相通、相融的最基本规律或原理，即“通理”，不但不会受到专业知识和学科范围的限制，而且还可能在不同专业学科中发挥更大作用，这也就是人们常说的“一理通，百理融”。

我是地质学教授，我的“本行”是地质学中的地层古生物学。由于对地质学的极度热爱，故而在对其钻研深度进入到学术研究的唯物辩证哲学层次[①]，并揣摩出其中的若干“理”以后，发现地质学中的一些“理”与其他“行”中的“理”是互通互融的，于是，根据其相同的“理”，我以地质为中心，成功地探索了数个门类的新学科。

近年来，当多次在运动场看到一些运动者十分认真地按照对其恰恰可能是有害的运动理念盲目锻炼时，我就会为其在心理上、体力上和时间上的太多付出和太少成效，甚至相反成效的现象感到心痛不已，有时虽然想用自己的锻炼实践对其进行一定的劝说，但这绝不是几句话所能讲清楚的事，更何况我又不是运动健康领域的业内专家，又有谁能听你所言呢？故而多次将其想法埋入心底。

后来，类似的现象越来越多，加之当下报刊、电视、网络等各种媒体上出现了诸多运动与健康的理念和做法，其中有相当一部分出自外国专家之言，一些人和媒体对此往往不加辨别地大肆宣扬，对于“洋人”所说崇拜至极，其媚外的解读内容和糊弄的解读语态不时敲击着我的心灵：其实，有些外国专家所谓最新的“研究成果”并不一定完全靠谱，甚至自相矛盾，极易给运动者形成误识。对此，我为什么不将自己一生的锻炼经历总结、上升后公布出来，供更多人参考，让更多人选择，或许还会有人由此受到启迪，从中略有收益呢？这种想法促使我多次用相同的“理”审视自己50多年来的锻炼实践，在获得较为满意的结果后，2011年首次为大学生做了关于体育锻炼和学术人生的专题讲座（图0-1）。完全出乎意料的是，我这个“外行”的讲座居然很受欢迎并引起了热烈反响，这在一定程度上也提高了我对体育运动探索的自信。

①庄寿强．时间、穿时及地层的时差对比——地层学中若干基本问题的开放性探究［M］．徐州：中国矿业大学出版社，1994：1.

图 0-1 为大学生进行体育锻炼讲座

其后，2011 年 12 月 27 日《中国技术市场报》在“医药科技版·健康达人秀”栏目中对此做了专门报道（图 0-2），于是更多高校、企事业单位和相关群团组织等便相邀讲学，引起了不同年龄段人群的共同关注并获得了广泛好评，同时大家迫切希望得到相应的文字出版物。特别是相关论文“间隔锻炼健身法及其超健康状态初探”2016 年在北京体育大学《运动》刊物上破例发表①后，又引起了很多人的重视，其中也包括体育界和医疗卫生界中一些人士，他们对我寄予更多的期望：反复劝说我暂时停止对所创建其他学科的研究与推广，将时间和精力转移到“运动与健康”这个关系到每个人切身利益的头等大事上来，并尽快将个人总结、探索的情况公布于世。为此，2019 年我被江苏省科学技术协会聘为“江苏省首席科技传播专家”，以更好、更快地传播运动健康方面的新知识（图 0-3）。在此期间，恰逢全国卫生与健康大会召开，审议通过《“健康中国 2030”规划纲要》，其中强调把人民健康放在优先发展的战略地位，明确提出推动体医结合，充分发挥科学健身在健康促进、慢性病预防和康复等方面的特色作用，积极推广覆盖全生命周期的运动健康服务。这与我初步探索的结果之间有着极为密切的关联。由此，为配合贯彻中央有关大健康和“体医结合”的精神，也为满足更多人对自身健康的迫切期望，更是为了激发一些运动爱好者对自己所进行的

①此处所说的“破例”，其含义有三：1. 我虽然是大学教授，但并不属于体育界的业内人士，更不是体育方面的教授，且文章的署名单位也是“中国矿业大学创造学教学与研究中心”；2. 该刊物所登文章一般在 5000 字左右，而我的文章已远远超过了 10000 字；3. 全部免除了相关出版费用。

运动产生更多思考意识，养成思考习惯，以便在运动与健康的众说纷纭中找到适合自己运动的真谛，我在体育界和医疗卫生界一些人士的热情鼓励和大力支持下，参照创造学中的若干创造原理，并尽力遵照唯物辩证法关于“个性中含有共性，共性存在于个性之中”的认知规律，将持续 57 年（1963—2019 年）的成功锻炼实践总结、上升并将其中的共性形成文字以出版物的形式呈现在公众面前。

解读50年体育锻炼与学术人生

——矿大庄寿强教授健康访谈

镜湖大讲堂

图 0-2 《中国技术市场报》——医药科技版 · 健康达人秀

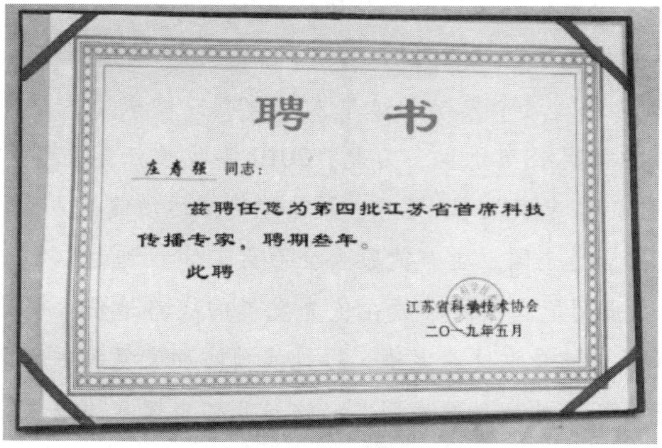
聘书

庄寿强 同志：

兹聘任您为第四批江苏省首席科技传播专家，聘期叁年。

此聘

江苏省科学技术协会

二〇一九年五月

图 0-3 江苏省首席科技传播专家聘书

二

世界科技发展史的研究表明，隔“行”探究并获成功的现象在科技界并非少见。比如，被誉为20世纪地质学界重大革命、众所周知的“大陆漂移说”（当下地质学中板块构造理论的前身）就是由气象学家魏格纳1912年提出并论证的，还有被恩格斯誉为“近代化学之父”的原子论创立者道尔顿，以及建立分子生物学的薛定锷，甚至飞机发明者美国的莱特兄弟，当时都不是，而且也不可能是“行”内的专家或权威。

当然，我长期对运动与健康的实践探索与理性思考是完全不能与这些伟人相提并论的，但我在地质学“行”外其他多个学科领域中成功地进行创造和创新的事实，确实也从另一个角度印证了隔“行”探索是可能获得成功的，更印证了在科学面前无论“行”内、“行”外人士都是平等的，“行”内与“行”外人士各有各的优势，人人都可以向科学进军的创造规律①，只不过在传统观念束缚下，很多人对此规律不甚了解，因而会感到不可思议、难以接受而已。

本书是我隔“行”对运动与健康领域的业余性探索，其结论在若干方面与当下主流看法不完全相同，所以，写这本书还是需要一些勇气的。这勇气一方面来自于我50多年来一直在思考中进行的持续性锻炼实践，并在不断享受预期锻炼成果的同时，渐渐形成自己较为完整的锻炼理念；另一方面来自于我将其理念的探索在某种程度上升到哲学层面的“通理”高度后所产生的自信。

显然，与写这本书一样，阅读这本书也是需要一些勇气的，需要读者有敢于用科学的思维方式来识别真伪的勇气，有不盲目迷信专家权威的勇气，这些勇气应该来自对当下各种“运动—健康”流行理念进行“是什么，为什么和怎么办”的深度思考，以及仔细评估其付诸实践后所产生的成效。

科学对待权威的态度应该是“相信权威、尊重权威，但决不迷信权威”，这是因为权威并不完全代表真理。权威，甚至国际上的大权威，有时也会出现一些差错。例如，在某体育教材《田径》一书中，就国际权威组织（国际田径联合会）对“田径”的定义，其所作的阐述及评价如下：

“国际田径联合会将田径定义为：‘包括径赛和田赛、公路跑、竞走、越野跑和山地赛跑。’这是对国际竞技性田径运动的高度概括和最权威的描述。”②

---

①庄寿强．普通行为创造学（第四版）［M］．徐州：中国矿业大学出版社，2013：68，227.

②孟刚．田径［M］．北京：北京师范大学出版集团，2008：3.

类似的引用与解释还可见于其他一些大学体育教材中。①

对此，我曾多次请教一些体育院校的专业老师和学生，该定义是否有不妥之处？结果他们都一致回答这没有什么问题。

首先，此处所谓对田径的“定义”，多多少少混淆了“田径”与“田径比赛”两个概念；其次，这个定义也很难称上是对“田径”的定义，充其量也只是罗列了一些“田径”所包含的运动内容（当然，这其中还混杂有若干“比赛”的内容）而已，这种答非所问、混淆概念地解释和认知大概是每个稍经思考的人都不难识别的。所以，对于这类所谓出自国际性最高层次的权威之言，你还能盲目相信吗？从我在多个领域中的研究经历来看，类似国际最高层面上的大权威犯如此“小错误”的现象并不少见。

三

本书所涉及的主要内容是间隔锻炼（法）和与此密切相关的身体健康。至于当下健康领域中所出现的较为时髦的心理健康、道德健康及其他与体育运动关系不太密切的热门类健康暂不属于本书探究的范围。如不加以专门说明，本书中所说的健康一般只是指身体健康。

按照创造学的原则要求，我不仅仅简单地罗列自己所探索出来的结果，更重要的是向读者介绍我是怎样进行探索、研究并获得这些结果的，也就是说，本书不仅仅讲其“然”，更讲其“所以然”，以便让读者自己能够从深层次上分析其“然”，认识其“然”，汲取其“然”中的合理、合适之处，最后结合各自不同的体质状况进行锻炼，以提高身体的健康等级水平。这大概也算是本书与其他同类著作之间的一点不同之处。

健康问题是关系每个人的头等大事，由于本书所探索和介绍的大多数内容都具有原始创新的根基性质，这就使得本书的归类（归于科普类还是专著类抑或二者兼而有之）显得不够清晰，其实，这也符合科学史中很多学科早期诞生、发展的规律。在当下来说，只要能使广大运动爱好者从中切实得益，能让一些相关专

---

①李鸿江．田径（第三版）[M]．北京：高等教育出版社，2014：3.

家在建立健康学学科时引发思考，也就是本书的宗旨所在了。

然而，本书毕竟是隔“行”探索的结果，加上水平所限，特别是很多知情运动者急盼本书出版，故而书中难免会出现这样或那样的偏差或错误，在此恳请广大读者，特别是业内人士批评指正，帮助我提高认识，以便对内容进行修改、完善，供更多人运动时参考，也为更多人的健康服务。

事实表明，由于传统习惯和思维定势束缚，人的大脑一般不喜欢接受新观念，就像身体不喜欢“新”的蛋白质一样，所以本探索中一些突破常理的创新内容常会受到某些业内人士的闭门冷遇、不屑一顾或者嗤之以鼻，极个别者甚至会进行一些指责，似乎并无运动健康方面“资质证书”的我根本不应该无端地涉入这个专门的领地。其实，这些现象并不奇怪，完全符合科技史中科学常常在挫折中才能发展的规律，即一个原创性观点如果由一个非权威的人士提出，往往得不到多数同行专家的肯定与称赞。当然，按照此规律，我在整个探索过程中还是会遇到一些人能切实从发展体育健康事业的大局出发，无私地以创造创新精神，及时给予我热情的鼓励与大力的支持，这种雪中送炭之举，不断地激起我内心的感激之情。

本书在构思与写作过程中，得到了中国矿业大学体育学院原院长王朝军教授、南京体育学院运动健康科学系主任孙飙教授、南京晓庄体育学院院长江宇教授、北京体育大学《运动》杂志李志诚编辑、南京大学原体育教研室丁宏余教授、南京旅游职业学院体育部陈政副教授、江苏海事职业技术学院体育教学部副主任体育科研所副所长毛剑扬副教授、徐州市体育局有关领导，原徐州市中心医院心胸外科主任医师赵德佑、原东南大学附属南京第二医院主任医师曹新民、南京医科大学第三附属医院健康管理中心主任杨钧和临床心理科主任汪漫、中石化胜利油田原中心医院院长副主任药师郝久民副教授、无锡市人民医院科研处副处长副主任医师陆培华博士、南京江宁医院副主任医师张文静、原南京市胸科医院国家一级验光师卢志明的大力支持，此外还有我国创造学学术界的中国发明协会原常务副干事长王文光高级工程师、《发明与创新》杂志创办人（原社长兼主编）黄友直研究员、中国创造学会副理事长（安徽工业大学创新教育学院）冷护基教授、中国创造学会常务理事（华中农业大学）刘松年教授、中国发明协会高校创造教育分会常务理事（湖南省大学生创新创业导师、湖南科技大学）

王伟清教授、上海市创造学会创造理论创造教育研究委员会主任（上海理工大学马克思主义学院党委书记）彭宗祥副教授、南京市江宁区人大财经委副主任委员谢桂明、江苏华商企业管理咨询服务有限公司总经理知识产权高级工程师孟庆才博士、一直关注健康物联网前沿的江苏万事达计算机系统集成有限公司王颖董事长及在我讲座后来自各个领域的听众，他们不但对本书的内容、框架、创新等方面提出各自的见解和建议，更在精神层面上给了我极大的支持与鼓励，没有他们的支持与鼓励，就不会有本书的完成与出版，在此，谨一并表示衷心感谢！

庄寿强谨识

2019年6月11日

于中国矿业大学原创造学教学与研究中心

目 录

第一章　间隔锻炼（法）提出的实践基础

——57年与众不同的锻炼之路

人应该支配习惯，而决不能让习惯支配人。一个人不能去掉他的坏习惯，那简直一文不值。

——保尔·柯察金

人是为了思考才被创造出来的。

——帕斯卡

我认为，对一切来说，只有热爱才是最好的老师，它远远胜过责任感。

——爱因斯坦

我们搞体育运动不是为了当选手，出风头，而是为了锻炼身体，增进健康。

——毛泽东

时下的报刊、电视、网络等媒体上常有这样的报道：×××中年患病，痛苦不堪，影响工作和生活质量，直到痊愈后才深感健康的宝贵和运动的重要，于是开始进行体育锻炼，最终取得了理想的效果。我在运动场上常常会遇到一些运动人士，与其交谈得知，他们因青少年时缺少锻炼，进入中年后深感体力不足，难以承受正常的工作，无奈之下才开始锻炼身体，有人还制订了相应的锻炼计划，以便认认真真进行锻炼。在类似的交谈中，他们经常会问我同样的问题“为什么你身体会这么好”，我会回答：“你们现在的想法和做法，恰恰是我18岁时的想法和做法”。对此，他们的一致回应是当年的18岁，包括现在的大多数青年人在内，怎么可能会有这样的理性认识，有这样的计划去锻炼身体呢？或许，这就是我与别人锻炼的一点不同之处。对此，中国矿业大学高淮生教授在运动场得知我18岁时的想法和做法时，便以他自己的切身体会写下了“口占一绝颂庄公”的诗句：“庄公岂不伟，白首身健矫，信念坚似铁，豪情我最标。”其后的自注是：“人之无奈，莫过于身不由己，心向往之而不能至也。”

回想入大学之初，围绕自己的地质学专业，我一直在认真地思考，如果年轻时只是仗着好身体而不去锻炼，那么进入中老年后，别说继续为地质事业作贡献、攀登地质学中某一学术高峰，或许连自己的身体健康也难保住。当时我就深感古代商人的“夏则资皮，冬则资絺，旱则资舟，水则资车，以待乏也”未雨绸缪思维的可贵，遂决定以此为警句不停地警示自己：虽然现在年轻力壮，但必须切实地、设身处地想到中老年后身体可能出现的种种状况。于是，为了防患于未然，也为了毕生的地质事业和中老年后的生活质量，我便开始有意识地、认真地锻炼身体，从此走上了一条与一般人不太相同的锻炼之路。

第一节 锻炼的目的与众不同

我是南京人，自幼酷爱地质学，早在中学时代便自学完苏联地质学家卡宾斯基的《地质学基础》一书，对南京市区及近郊许多山野中的岩石进行了一番对照性观察，认为自己以后一定会在地质学上有所发展。17岁时，我以第一志愿如愿以偿地考入南京大学地质学系，此后便一心一意地想着今后如何能成为一名有建树的地质学家，如何能为地质科学的发展和祖国地质事业的繁荣做出自己的努力。

一、自立“一切为了地质”的格言

20世纪60年代是大讲“革命”的年代，那时人们所从事的所有工作都被称为革命工作，也就是说，人们都在“为革命而工作”，差别只是具体分工不同而已。在这种大环境下，我进行体育锻炼当然也是“为了革命”，具体一点讲，是为了地质事业这个“革命工作”。在当时“没有体质就没有地质”“没有身体就没有革命”等口号感召下，我入学后就为自己立下了必须终身铭记的“一切为了地质”① 格言（至 2006 年退休时，也只是将此格言补充了两个字，即“仍旧一切为了地质”）。②

既然是一切为了地质，那就是说，我生活中的一切作为都得首先考虑地质的需求，不但要在世界观、方法论、学习专业知识及有针对性拓宽知识面等大方面考虑地质的要求，而且也要在其他“小事”上，包括吃饭、喝水、睡觉、休息的每一个细节，甚至走路中的每一个步伐动作，都不能忽视地质工作，特别是野外地质工作的需求。因为现实生活中即便是一件不起眼的小事，但如果马虎对待、处理不好，很可能就会波及一生的事业，古人所谓“一失足成千古恨”，在某种意义上讲也就是这个意思。所以，我必须慎重对待每件“小事”，不能因为是体育锻炼方面的“小事”引发“失足”而酿成地质事业上的“千古恨”。由此，体育锻炼，当然就成了我学习生活中“一切为了地质”的重要大事。

当时，国家曾向大学生发出“为祖国健康工作 50 年”的奋斗口号，为确保这 50 年的地质事业，我又增加了 10 年作为自己的奋斗目标，即“向‘为党健康地工作六十年’而努力”，并将此认真地写在我自己锻炼记录本（图 1-1）的首页上，令人高兴的是，自 1967 年至 2020 年我以自己健康的体魄且无一次病假地工作了整整 54 年！

---

①庄寿强．普通行为创造学（第四版）［M］．徐州：中国矿业大学出版社，2013：224.

②同①.

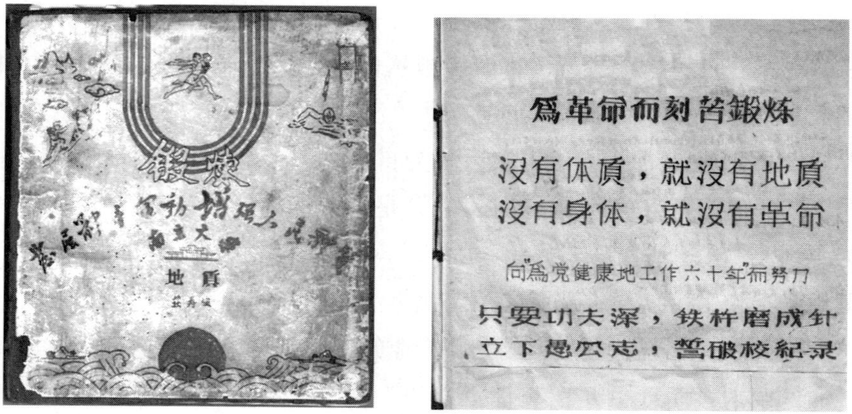

图 1-1　锻炼记录本的封面与首页

二、仅以地质需要为原则筛选锻炼项目

身体与健康对于地质工作，特别是野外地质工作的重要性是不言而喻、人尽皆知的。然而，不同的人对当时提出的“没有体质就没有地质”的理解各不相同。我对此的理解是必须要以自己的实际行动，紧紧围绕地质研究的需要进行科学而刻苦的身体锻炼，以此获得强健的体质，去应对各种艰难困苦的地质工作，为地质事业多工作几年、十几年、几十年，从而为地质科学的发展作出更多的贡献，决不能因为锻炼信念和方法上的任何差错而影响具体的地质工作。

为此，我当时也给自己定下了较为具体的体质标准，那就是：即使在野外陷入没有吃、没有喝、也不能睡觉的困境，仍然能够 24 小时持续进行正常野外地质工作；或者，在同等的困境下，仍然能够连续 48 小时进行正常室内实验室工作（现在看来，这样的体质标准应该属于超健康类型的范畴了，见第四章）。

为了能达到这样的体质标准，我对自己以往已经进行及其后可能进行的众多体育锻炼项目进行逐个筛选，筛选的原则非常明确：凡是与地质工作密切相关的锻炼项目都尽量保留或重新增加，而与地质工作不直接相关的锻炼项目则尽量排除，不再考虑。根据这一原则，我在筛选确定具体锻炼项目时，可能会涉及以往已进行的锻炼项目和锻炼习惯，这就需要做一些相应的改变调整，以服从地质的需求。比如，中学时代我较为喜欢各种球类运动，因其运动本身与地质并无直接关联，最终全部停止了。经过反复思考、分析、对比，我从众多的体育锻炼项目中只筛选出 4 个与地质密切相关的项目，即长跑、游泳、举重和冷水浴（冬泳）。

经分析，这几个项目与地质的直接关系大致如下：

长跑——锻炼长跑可直接增加长时间走路的耐力和在艰苦环境下坚持到底的毅力，同时增加翻山越岭的能力，这些都是野外地质工作所必需的基本能力。对此我在锻炼本上曾写道："练长跑的目的是为了长距离地快速走路，能快速地长距离走路就能快速爬山，爬山的目的是为了革命（地质）工作……这就是锻炼的目的。"（1965 年 11 月 10 日）

游泳——在野外地质工作中经常会遇到河流、湖泊等各种各样的露天水体，如地质工作需要，那么会游泳就可以随时泅渡。在仰泳、蛙泳、蝶泳和爬泳（又称为"自由泳"）四种泳姿中，与地质最为密切的是蛙泳，因为蛙泳不仅相对较为省力，一次可以游较长距离，背上还可以背负一些地质工作所必需的重物，而且游泳时眼睛可以正视前方，不会偏离目标方向，这些都非常有助于开展野外地质工作。所以，在游泳锻炼中，我把重点放在了蛙泳的练习上。

举重——举重可以有效增强身体肌肉的力量，在野外工作中能更多地背负地质器材，采集更多的地质标本。

冷水浴（冬泳）——这里主要指的是在气候变化之时及寒冷冬季的冷水浴。冷水浴可以增强身体对外界气候、气温突然变化的适应能力和对感冒等多种疾病的抵抗能力，从而使身体更能经受住野外风雨变化等不良甚至恶劣气候的考验，尽量减小对地质工作的影响（1967 年 10 月—1968 年 4 月，我几乎每天都随南京市工人冬泳队进行冬泳训练）。

由此可见，以上 4 个锻炼项目不仅能大体满足野外地质工作的基本需求，而且大体充实了当时体育界所认识的体质四要素（速度、耐力、力量和灵敏）内容，没有明显的遗漏。此外，从人体的结构和生理功能来分析，这 4 个锻炼项目也对肌肉系统、骨骼系统、循环系统、呼吸系统等人体八大生理系统（这是当时对医学的认识）起到了较为全面的锻炼作用，基本上消除了生理上的"死角"，满足了人体一般运动的需求。最后，从锻炼所必须占据的时长和体力消耗来看，这 4 个项目的锻炼计划完成后，也确实没有更多的时间和体力来进行其他运动项目的锻炼了，故此，我不得不停止其他运动项目的锻炼。

由于锻炼目的极为明确，所选择的锻炼项目也十分清晰，锻炼的动力源源不断，这股动力始终促使我去克服来自各方面的困难和障碍，持之以恒地锻炼至今。

三、全身心只为地质事业锻炼身体

既然锻炼项目已经确定，那么就必须对准目标，毫不动摇地全身心投入，将这些锻炼项目进行到底。

然而，后来所经历的许多事实表明，只为地质而锻炼身体所走的道路有时是较为顺利的，如在游泳方面，因为目的十分明确，锻炼又较为刻苦，故我在进入校游泳队后不久就被推选为校游泳队队长，之后也担任过南京市横渡长江游泳大队高校方队的负责人，但是在很多时候，这条道路并不十分顺利，有时还充满着想象不到的困难和艰辛。

这其中遇到的一个事实是大学期间我曾一度被选入校田径运动队，后来正是因为坚持了“只为地质而锻炼身体”的自我信念而被校田径队所“劝离”（其实就是开除）。其经过大致如下：

学校运动队为了及时补充新队员，故十分关注各个系开展的体育比赛。一次偶然机会，我参加了地质学系的3000米跑和铁饼两个项目的比赛。结果，3000米跑项目名落孙山，不可提及；铁饼项目虽是由他人代我误报名，而且在中学时代自己也从未接触过铁饼，但出乎意料的是，初次尝试我就扔出了“第二”的好名次。此举引起了校田径队的注意，他们首先找到我，夸我有投掷铁饼的天赋，大有潜力可挖，并说只要参加校田径队的投掷组，经过专门训练，铁饼成绩就一定会大幅度提高，也一定会在运动会上为地质系乃至南京大学争光，故希望我加入运动队参加铁饼训练。对此，我习惯性地反问道，铁饼与地质工作之间有什么直接关系吗？他们愕然，不知我所讲之意。我进一步说，如果要我进入校田径队训练长跑我很乐意，因为它与地质关系密切，但铁饼与地质没有什么直接关联。他们则说我的长跑成绩太差，前途无望，就此可以停下来了，而我却坚持说，无望也要跑，因为这是地质的需要，至于那些与地质并无直接关联的运动项目，我已经没有时间和精力再去介入了。他们又说，我练习铁饼今后很有发展前途，很容易在各级运动会上拿分，获得荣誉，我说我不要拿什么分，也不要这份荣誉，我要的是强壮的身体，要的是与地质直接相关、经得起地质工作考验的健康体魄，最后，我回绝了他们。

他们没有说动我，但并未灰心，后来他们找到地质学系有关领导，通过系团委书记来做我“关于集体荣誉感”的政治思想工作。迫于领导压力，我说可以考虑，但我也希望同时能进入田径队的中长跑组，否则，我不可能只参加投掷组训练铁饼。几经周折，有关方面终于同意我进入田径队投掷组和中长跑组的要求。

目的是动力的源泉，目的不明确就不会去认真锻炼。一年后，我的铁饼成绩基本原地踏步，毫无进展，教练对此甚为不满。然而，当看到我长跑成绩虽然不够理想，但由于锻炼主动又刻苦而进步却比较大时，教练终于同意我放弃铁饼，只保留长跑的要求，并热情鼓励我要好好训练，进一步提高成绩，在运动会上为集体争光。

然而，我长跑的理念并不在于比赛时如何出成绩，更重要的是为了满足地质工作的需要。由此，我逐渐体验到在锻炼实践中要提高比赛成绩就要重视跑的速度，即长跑中的耐力速度，而要更好地适应野外地质工作，则需要锻炼身体的耐力，即长跑中的速度耐力。这是因为体育非常看重比赛时几秒钟的结果，但是，一般野外地质工作的行走是不会在乎这几秒钟，甚至几分钟的，而在乎能否正常多走几公里、十几公里山路。由此，教练要求我跑时减小步伐长度，提高步伐频率，而我则以地质需要为由反其道而行，此举再次引起教练的不满。

终于，有一次教练发现我长跑训练完毕后，并未立即离开操场，而是转到举重场地进行举重锻炼，其不满情绪突然爆发。他言辞较重地劝解我说，从体育训练角度来看，长跑与举重这两个运动项目互为影响，前者要求运动员的身体细长灵活，而后者则要求运动员的身体粗短有力，提醒我要珍惜田径队的训练，立即停止举重运动，以免影响长跑成绩的提高。然而，我却反复强调举重对于地质工作的重要性，并表示为了以后的地质事业，我必须坚持举重锻炼。为此，教练甚为气愤，并断言如果我不停止举重，那么直到毕业前，在全校的长跑比赛中是不可能取得任何名次的，且得不到任何分数，当然，也拿不到任何奖状。我回答说，得不到名次就得不到名次，我根本不看重这样的名次（因为那时长跑组中有一位每次都能拿到第一、第二的同伴，他的膝关节在平常就一直疼痛而处于半休息状态，这对地质工作明显有害无益），我要的是强健的身体，要的是在艰苦环境下仍能正常从事地质工作的强壮体魄。同时我也在想，正因为长跑与举重两者之间有一定的矛盾性，所以同时进行这两项运动的磨炼，才可能比单项运动更能增强身体的体质，更能增强对地质工作的适应性。

由于在锻炼目的性看法上有着难以调和的差异，导致与教练之间在认识上产生了较大分歧，最终，在对我完全丧失长跑期望值后，教练便做出不再继续培养，将我劝离田径队的决定，并要我立即交回原来田径队所发的运动衣和运动鞋。这给我的长跑锻炼带来了极大的困难，特别是运动鞋——由于当时家境十分窘迫，我已没有任何能力去购买一双哪怕是清仓处理的运动鞋，故希望能推迟一段时间上缴运动鞋，然而，在多次向教练恳求无果的情况下，我终于也当面表达了自己的信念：“你以为收回运动鞋就能阻止我长跑了吗？为了地质，为了体质，为了长久的健康，即便无鞋可穿，光着脚板我也会一直跑下去，跑到底的！”（事实上，在其后的一段时间里，我确实许多次是光脚在当时铺着煤炭渣的田径跑道上跑步的）随后，我立即在锻炼记录本的首页中补写下“只要功夫深，铁杵磨成针，立下愚公志，誓破校纪录”的字样（见图 1-1），以表达我的志向和对教练的不满。尽管我知道自己并不想，而且也不可能去打破校纪录，但永远向上的志向不可缺，刻苦锻炼的精神不能丢，我深深懂得，此举不只是对身体的磨炼，更是对自己毅力和意志的考验，是一名地质事业从业者所必需的基本素质。另外，我也不完全相信教练的预言，在全校比赛中就一定得不到名次，后来的事实表明，在毕业前的一次全校 5000 米越野跑比赛中，我赢得了第四名（图 1-2），名次虽不领先，但它却是我目标、锻炼、毅力和信念坚持的结晶，也是我终身的骄傲。

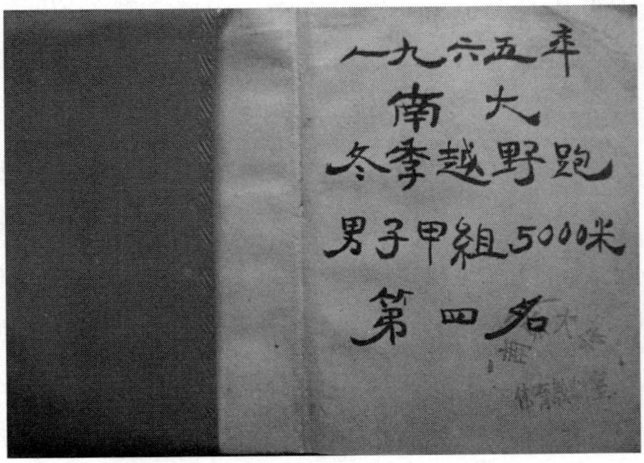

图 1-2　1965 年南京大学男子甲组 5000 米越野跑第四名奖品——小日记本

其后，在南京市举办的由1200多名男运动员参加的1966年元旦越野跑比赛中，我也取得了前30名的成绩，并荣获一枚运动纪念章（图1－3），此纪念章仅奖励前100名。

图1－3　南京市1966年元旦越野跑比赛纪念章

后来，我在青海省柴达木盆地艰苦环境下工作了10年之久，再次考回母校读研究生时，恰巧又遇见那位教练，当看到我身体并未被恶劣的自然条件所摧垮，仍然保持着原先的体质和锻炼理念，特别是还能保持清醒的头脑，为了地质工作而科学坚持体育锻炼时，他不由感叹道："看来我们大学的体育教育还是应该培养像你这样有目标、有毅力、为了事业而锻炼身体的人才，但十分遗憾的是，原来的校运动队队员自毕业参加工作后，据我所知大多数都停止了体育锻炼，有些人身体状况还出现了倒退，这些是值得我们去反思的。"

此外，全身心只为地质而锻炼身体的理念还体现在，我每到一个新环境中总是要先考察一下锻炼的条件，如果条件不好，则想方设法因地制宜创造条件进行锻炼。

1966年上半年，学校统一安排我们大学生去江苏省如皋县农村，参加国家规定的与农民"同吃、同住、同劳动"的社会主义教育运动（俗称农村"四清运动"）。当时如皋的农村大多是田间小道，家家住的都是低矮茅屋，基本不具备体育锻炼条件。于是，我便把茅屋中的低矮房梁当作单杠进行引体向上，用两条农村中常见的长条凳平行排放作为双杠进行双臂曲撑。没有条件冷水浴，我便每晚睡前从门口的池塘里打回凉水擦拭全身。此外，我还经常利用到上级部门开会或汇报工作之际，在田间小道上有意识、有目的地以跑代走，这样既锻炼了身体，又节约了时间。我所有锻炼的次数、内容、方式、运动量等当时都在锻炼本中做下了详细记录。

同样，我大学毕业初去青海柴达木盆地冷湖（镇）石油局工作时，也是先利用石油局硕大废料堆中的废弃油竿、各种齿轮和法郎盘等无用的钢铁重物装配成各种举重用品，再利用宿舍的房梁装上单杠、吊环等自制器械进行不同类型的力量性练习（由此，我所住的宿舍在一段时期内居然成为同事中一些锻炼爱好者经常锻炼的“健身房”）。最困难的是进行冷水浴，由于所在单位的浴室无法单独使用冷水，我只好利用每天清晨天微亮之时，穿着短裤，推开房门，面对浩瀚的戈壁沙滩，提出一桶凉水，从上向下淋浇全身。由于天气寒冷，浇冷水时双脚须在地面上下不停移动，否则，浇下来的冷水很可能迅速将拖鞋冻在地面的冰块上，难以分开。

当然，在冷湖也没有专门的长跑场地。冷湖（镇）是由3个近于一条直线排列的行政区（行政区的名称基本沿用早年石油勘探的地质构造名称，如冷湖4号、冷湖5号等）组成。相邻两个区距离大约13公里，其路面全部用柏油铺成，在茫茫戈壁沙滩上十分显眼（图1-4），路上除了各种不同类型汽车和工程用车来回奔驰外，从来没有行人往返于两区之间，于是，这样的无人所走之路就成了我因地制宜进行长跑锻炼的最佳场所。无论春夏秋冬，我每隔一两个星期会穿着背心短裤并背着背包（背包为自制，表面上有红色油漆临摹的毛泽东手写题词：“发展体育运动　增强人民体质”，内装的是只有到行政区外无人处才可脱下的、进入下一个区以前必须再穿上的衣物）在两区之间进行一次越野跑，给路上所有乘车人员及司机们都留下了极为深刻的印象，很快，那时我就由此而成为冷湖（镇）近10万人中几乎无人不知的“公众人物”。

图1-4　青海省冷湖（镇）沙漠戈壁地表景观

第二节　锻炼的态度与众不同

理性的思考告诉自己，既然锻炼目标已经确定，那就应该采用最科学的方法去克服各种困难，特别是因家庭极度拮据而带来的困难，通过扎实的锻炼行为，尽快满足地质工作对身体健康的需求。当然，要做到这一点，首先应该学习有关的锻炼知识。由于条件限制，当时所能接触到锻炼方面的科普知识大多以《新体育》杂志为主，而《新体育》中较多内容又是关于竞技类的体育，单纯为增强体质、促进健康而锻炼的内容较少。于是，按照“边学、边干、边思考”的原则，我决定以科学研究态度来对待自身的锻炼，以求获得最佳的锻炼效果。

一、以科学研究态度对待锻炼的起因

我自幼养成了诚实做人的性格和习惯。中学时，就曾因“忠诚、老实”而获得校级“登红旗榜”奖励（图1–5）。大学之初，由于新生班的辅导员工作失误而使我完全失掉了获得国家助学金资助的可能，命运由此让我沦为同学之中相对最为贫困的人——在国家已经走出自然灾害困难时期后的整个六年大学期间，我却仍因家庭极度拮据而难以吃上饱饭，身体始终处于难忍的饥饿状态。

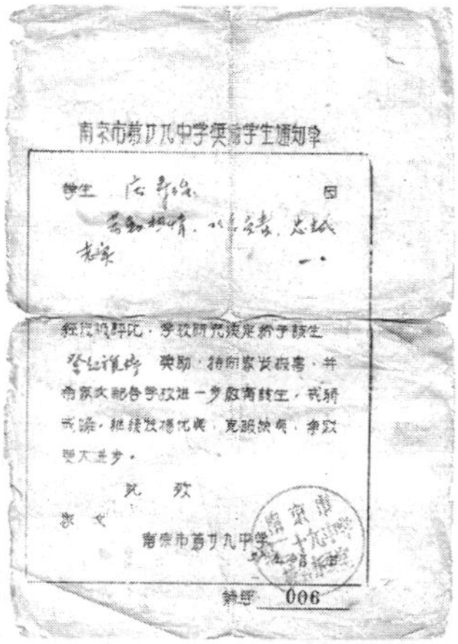
南京市第廿九中学奖励学生通知单

学生　　　　因

经过群众评比，学校研究决定给予该生登红旗榜奖励，特向家长报喜，并希家长配合学校进一步教育该生，戒骄戒躁，继续发扬优点，克服缺点，争取更大进步。

此致

敬礼

南京市第廿九中学

编号 006

图1–5　1958年因“忠诚、老实”而获得校级“登红旗榜”奖励

然而，因尊重客观事实讲真话而造成这种贫困与饥饿的后果，不但没有改变我诚实的性格，相反，它更坚定了我“一切为了地质”的信念，激起了我必须比别人付出更多努力，用更认真、更刻苦的精神学好地质，同时比别人付出更多智慧，用更科学、更细致的态度炼好身体的决心。

我知道锻炼中也有能量守恒的道理：在饭不饱食、能量明显不足的情况下是不宜进行一定强度体育锻炼的，如果盲目锻炼，尤其在较多体能消耗而又得不到

必要能量补充条件下，反而会对身体造成伤害。由此，我不得不认真思考：如何做才能在经济困难条件下增加能量的摄入，以尽量减少不必要的体能消耗呢？对此，我会采取如下两条措施：

1. 尽量选择既便宜又能产生更高热量的食物

很长一段时间内，我头脑中一直萦绕这样一个问题，即利用同等的价格，购买什么样的食物才能从中获取更多的能量（热量），也就是说，在单位价格内，究竟何种食物能提供更多的热量？为此，我多次去图书馆、阅览室查阅各种关于食物热量的资料，再反复与其市场价格进行比对，发现在牛奶、豆浆、肉包、馒头、油条、烧饼、红薯等诸多食物中，用同等价格购买的食物所能获得热量的大小可以相差很远。于是，我就尽量，或者说只是以其相同价格所含热量的大小作为唯一标准来选择食物。至于食物本身的色香味、品质、口感，以及其所含的其他营养等要素则都无从顾及了。久而久之，我在吃的方面就养成了至今仍旧保留的只注重内涵、不讲究口味，其实这是对身体健康颇为有益的不偏食、不挑食的饮食习惯。

2. 尽量减少锻炼过程中不必要的体能消耗

从理论上说，为了充分利用并不富裕的食物能量以获取最佳锻炼效果，还应该尽量减少锻炼中不必要的体能消耗。这种想法促使我常会认真地去对待、研究锻炼中每个动作的产生及其必要的延续性：凡是锻炼项目所必需的动作和过程，要认真、再认真地努力去做，尽量不重做、不返工，因为返工、重做可能会白白地消耗体能；而对于不是锻炼的必要动作，那就尽量不去做，以节省体力消耗。例如，进行游泳锻炼时，在游泳池除了严格按照规定标准认真进行每一动作的练习外，我从不像很多人那样嬉水打闹，浪费体力。最后，要尽量减少、控制锻炼计划外的临时活动量，不训练时尽量保持静止状态，以此节省出一定的体力来保证正常锻炼计划的进行。

另外，冷水浴锻炼也是解决经济拮据的一条途径。比如，在对冷水浴项目的选定时，除了前面所说对身体和意志的锻炼作用外，我当时也着重考虑到经济上的直接效益：大学期间我天天可以冲学校提供的免费冷水淋浴，从而省下了热水澡费用；冬季冷水浴既可以增强抵抗寒冷能力，于是又可以节约购买棉衣及其他冬装的开支。

总之，那时家庭的极度拮据，与为了地质又必须炼好身体的强烈信念之间，形成了很大的反差，正是这种反差才促使我不得不采用科学研究的态度来全面对待自己的锻炼，以期获得最好的成效。后来的事实表明，这样在一定思想指导下的锻炼是积极的、高效率的，不仅达到了预想目标，而且无意中为本书的撰写积累了大量的资料。

二、以科学研究态度对待锻炼的做法

1. 设立专门的锻炼记录本

参照一般科学研究程序大多始于调查或积累原始资料（原始数据）的做法，从1963年起我就对自己进行的所有锻炼活动，均以“记要”的形式记录在自己专门设计、并用白报纸①裁开、装订的锻炼本中（见图1-1，因为那时已没有购买任何笔记本的经济能力），以便及时总结、分析、研究锻炼状况，提高锻炼效率。这些原始资料包括详细的锻炼原始数据记录和相关的文字记载等。其主要内容有：

（1）每次（天）锻炼的具体内容，如锻炼项目的名称、各个项目锻炼的组（次）数、锻炼强度、锻炼总量、锻炼持续时间及身体相关部位、器官的即时反应等。

例如，1965年12月14日记录如下内容：跑：400米×2，800米×2，1200米×1，1500米×1；引体向上：10次×3；双臂曲撑：20次×1；举重：推举40公斤20次×1，50公斤4次×1；冷水浴：30分钟，气温10℃；锻炼总时：120分钟；当天反应：很累（图1-6）。

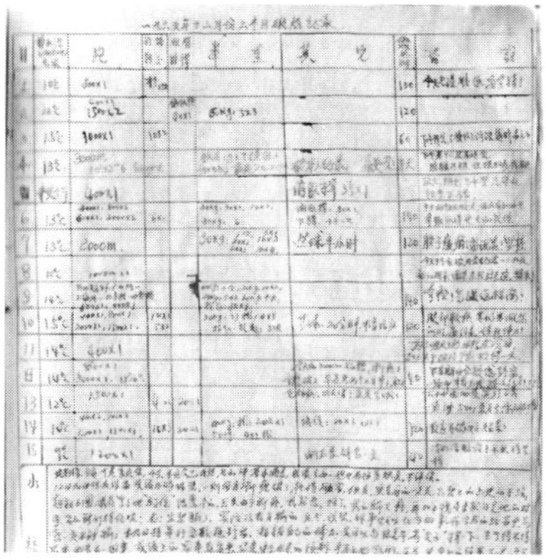

图1-6 1965年12月上半月锻炼记录及半月小结

---

①白报纸，当时市面上有卖，每大张价格4分钱，可裁成16张（1/16开）进行装订。虽然纸张质量欠佳，略有透明性，但很便宜。

（2）每半个月进行一次相应的书面锻炼小结（图 1-6）。

（3）每半年（学期）或一年进行一次书面锻炼总结和制订下一阶段锻炼计划。总结可视其具体情况分为单项运动锻炼总结（如长跑总结、游泳总结等）和全面运动锻炼总结两部分。年度总结中有时还根据其主要内容而自设一标题以提醒自己，如“梅花欢喜漫天雪，冻死苍蝇未足奇——1963—1967 年冷水浴总结，1967 年冬泳决心”“必须从零开始——1969 年锻炼总结，1970 年锻炼决心”（图 1-7，图 1-8）。

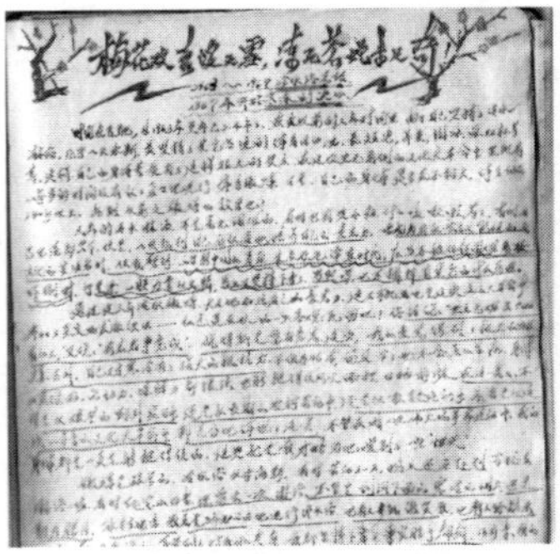

图 1-7　梅花欢喜漫天雪，冻死苍蝇未足奇——1963—1967 年冷水浴总结，1967 年冬泳决心

必须从零开始

图 1-8　必须从零开始——1969 年锻炼总结，1970 年锻炼决心

每次的锻炼总结一方面能明显看到自己锻炼成效，并同时产生内心喜悦，另一方面也特别警告自己一定要记住，已有的成绩只能说明过去的努力，它不能代表将来，将来的每次锻炼仍然需要在新的起点上不断奋进。

（4）参加相关比赛的实况记录，比赛中优势及不足之处的分析和此后宜采取的具体对策（图 1-9）。

（5）学习体育书刊的摘录、总结心得体会及各种运动会或专项比赛观后感等。

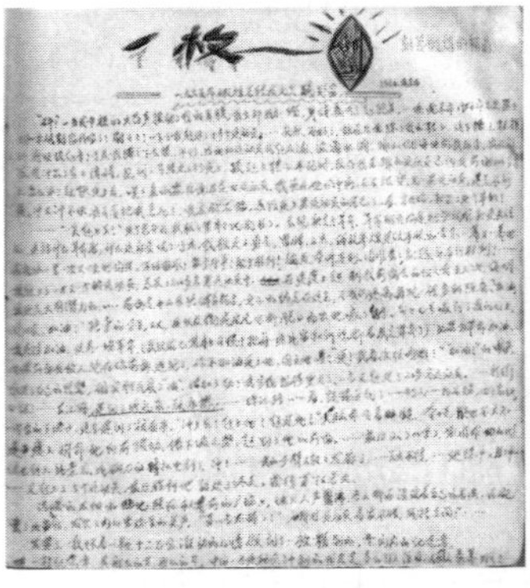

图 1-9　一枚纪念章——1965 年锻炼总结及南京市元旦越野赛

锻炼记录本在我进行锻炼最早的 10 多年里，记录不仅详细而且齐全，还取得了很好的效果。通过实践、总结、分析、思考、研究，不但对体质增强起到了有效的促进作用，而且还初步探索出了“间隔锻炼（法）”的核心内容。其后，由于大学毕业参加工作经济条件的改善，以及其他种种方面的原因，我所探索出的“间隔锻炼（法）”已逐渐进入自己成功锻炼的常态，作为科学研究来说，也算是取得了一些阶段性成果，这在一定程度上削弱了我

对锻炼进行原始记录的欲望和力度，于是其后阶段在锻炼记录本中所记录的内容也有一定程度的缩减。

总之，有了能真实反映实际情况的详细锻炼记录，就可以随时了解、及时掌握自己的锻炼动态，从各个角度分析锻炼中存在的问题、查找原因并探索应对办法。此外，从每次锻炼反馈和锻炼总结中，我也能清楚地看到往日的锻炼成果，由此更多的成就感和自信心油然而升。最后，锻炼记录也是对自己平时锻炼的一种鞭策，有助于培养认真踏实的精神和科学研究的习惯。总之，表面看来锻炼记录确实花费了我一定的时间与精力，然而，“磨刀不误砍柴功”，该本中的全部记录过程却为我在地质学和其他学科的学术研究中融进了一种特殊的体育精神，由此铺就了一条通往成功的道路，使我获得了“三无二精”式的超健康体魄，这才是真正无价的财富。

2. 探索在不良环境下的合理锻炼途径

我很清楚，要想真正钻研地质学，占领地质学学术领域中的某一高地，发展地质事业，就必须到基层去，到野外去，到艰苦的环境中去做大量的基础性地质工作。为此，我大学毕业时积极响应国家“到祖国最需要地方去”的号召，将全班毕业分配方案中离家最远、生活条件最艰苦、工作条件最困难，但对地质研究也可能最为有利的“青海石油局”作为第一志愿，并于1968年10月来到了该局所在地：青海省海西蒙古族藏族自治州的冷湖（镇）。

冷湖（镇），现名叫冷湖行政委员会，地处柴达木盆地腹地，平均海拔约3000米，一眼望去，除了无边无际的戈壁沙漠，就是被大风长期侵蚀而形成的“雅丹”地貌。风沙、干燥、高寒的气候条件甚为恶劣，真正称得上是“天上无飞鸟，地下不长草，风吹石头跑”举目茫茫、一片荒凉的无人地带（见图1-4）。[①] 在方圆数百公里的戈壁沙滩上，当时勘探并开采出了石油，这才聚集了来自祖国各地的十几万职工家属，由此也形成了一座刚脱离帐篷年代而转为由低矮土坯房构成的新型“石油城”。

---

①由于如此荒凉而独特的地形地貌很像火星表面，所以，为了发展旅游业，冷湖近来已被有关部门命名为“中国火星村”（模拟火星基地），并于2018年在此召开了“中国·冷湖雅丹毅行创客大会”。

那时，很多人为了祖国石油事业而离开自己的家乡，来到这样恶劣的环境下工作，身体很不适应，备感气短，稍一活动就心跳加速、呼吸不畅，再加上当时的食物供应十分匮乏，一年中有半年之久见不到任何新鲜蔬菜水果，故而相应地方性疾病，如肝炎、心脏病等较为普遍。所以，比我早几年进入柴达木盆地的同事们都有"这里绝对是体育锻炼禁区"的体验。他们初次看到我进行较大强度锻炼时（由于我大学六年一直在饥饿中度过，冷湖虽然食物种类匮乏，但主食面粉还是有保证的，能量补充也是充分的，在吃饱肚子的情况下如果再不进行锻炼，那不是也对不起自己过去饿肚子时的锻炼吗），都会好心地劝说："我们刚来柴达木盆地时也像你一样，每天锻炼，但历经一两年，甚至不到一年，就未老先衰、疾病缠身，不得不终止锻炼了。"为了证实他们所说的真实性，我调查了不同年龄段、不同工种不同时期进入盆地工作同事的身体状况，发现他们所说的都是事实，确有很多人因锻炼而弄垮了身体。比如，×××大学毕业，初来冷湖时原本身体不错，于是延续其过去的锻炼习惯，进行篮球、跑步等运动，结果不足2年就染上肝炎，不得不终止锻炼；还有×××也类似，刚来冷湖时意气风发，锻炼有加，结果一年后常常气喘、心慌冒汗，不得已也停止了锻炼。由于实例太多，当地人得出了"在冷湖还想要进行体育锻炼，那真是自己找死啊"这样的结论。

为进一步掌握各种因锻炼而致病的具体原因，我选择了一些有代表性的当事人进行专门交谈拜访。通过一个阶段交往，得知他们的共同之处是对锻炼的理性认识思考较少，他们主要凭着以往的习惯、兴趣、热情，被动延续着过去的锻炼行为，很少思索冷湖恶劣自然环境对其具体锻炼的制约，特别是相应的制约形式和制约程度。此外，他们也很少对环境造成的不良锻炼结果进行阶段性分析，很少总结并查找其原因，故而没有采取有效对策，尤其是对锻炼中的"劳逸结合"，即锻炼中相对"静止"这个极为重要的不锻炼阶段关注甚少，同时对科学的生活规律及多样化的食物结构重视不够，甚至很不重视，总体上显示出一种简单地从兴趣出发，无目的、无计划、无周期、无规律散漫放任的锻炼行为。更为重要的是，他们将锻炼失败的原因，几乎全部简单地归结为自然环境恶劣和食物严重匮乏这些客观因素，而对如何发挥人的主观能动作用这么重要的内在机制却考虑较少，甚至不闻不问。当被问及"你究竟做出了几分能动性、使用了几分努力去思索、去应对不良环境进行科学锻炼”时，得到的回答几乎都是“不知道”。

由此，我似乎看到了在冷湖持续进行体育锻炼的希望：要想得到强健的体魄，一是要结合自己实际情况进行科学地锻炼，二是要积极配合、充分重视合理的生活规律、尽可能使食物结构多元化，而这两点恰恰是我在过去饥饿状态中就已深深悟出的道理。

第三节　锻炼的卫生理念与众不同

地质工作和学术研究都需要有强健的体魄做支撑，为此，我在用科学研究态度对待锻炼时很快发现，为了获得强健体魄，仅仅依靠体育锻炼是不够的，还需要有一定的卫生知识，辅以规律的生活方式和多样的食物补给。对此，我在大学时期就形成了较为完整的理念，并将它尽量落实在其后的锻炼与生活行为中。

一、注重规律性的生活方式

规律的生活方式，这里主要指衣食起居时间所应该遵循的一些周期性及规律性。比如，尽可能每天按时起床，按时工作、学习、就寝，一日三餐尽可能定时、定量等。生活有一定的规律性，才能形成生活的周期性和节奏性，有了稳定的周期性和节奏性，才可能按照人体生物钟的节拍，充分发挥身体各部位器官系统间的协调作用，促进强健体魄的形成。有了生活的规律性，由锻炼而获得的健康才能像其他事物一样，在不断刷新的起点上遵循着“波浪式前进”“螺旋式上升”的规律发展。理论上认识到这些似乎并不很困难，困难的是真正在实践中认真并长期做到。这是因为，要真正坚持这种规律性，除了要有明确的卫生理念和坚持到底的意志外，有时还真要为此做出一些努力，甚至付出一定代价，我就曾遇到过不少这样的情况。

比如，在大学期间初次野外的地质实习中，有一天中午 12 点钟左右，我们走进了一片四面环山的凹地，我随即向领队老师提出，午饭时间已到，能否拿出随身携带的干粮就地用餐。老师却不同意，他手指着眼前的一座山梁说，要爬到视野更为开阔的山顶，在那里就餐会感觉更舒畅。我说那就要拖到下午 2 点多钟才能吃饭，对身体的消化、吸收和健康是极为不利的。老师不乐意，无端指责我未把精力放在地质实习上，净想那些与实习无关的小事情。我出于无奈，跟随上山，但心里并不服气，健康和身体难道与地质实习无关？怎么都变成“小事情”了？于是我便随口应道：“难怪那些搞地质的人很多都有肠胃病，这全是缺乏理智、不注重自身健康的结果，纯粹是自己糟蹋出来的，活该!”老师听后瞪了我一眼，无语。

其实，我注重的卫生习惯更早可追溯到少年时期。1958 年，我在南京市第 29 中学（原名“石城中学”）上初中时，被选为班里的卫生员，后因表现较好进一步被吸收为中国红十字会江苏省红十字会会员，颁发了证号“古红字 06940 号”的会员证（图 1–10），接受了一些关于卫生健康知识方面的教育，由此我便开始认真关注自己的身体健康，现在看来，或许我也算是一个“资深”的老红十字会会员了。

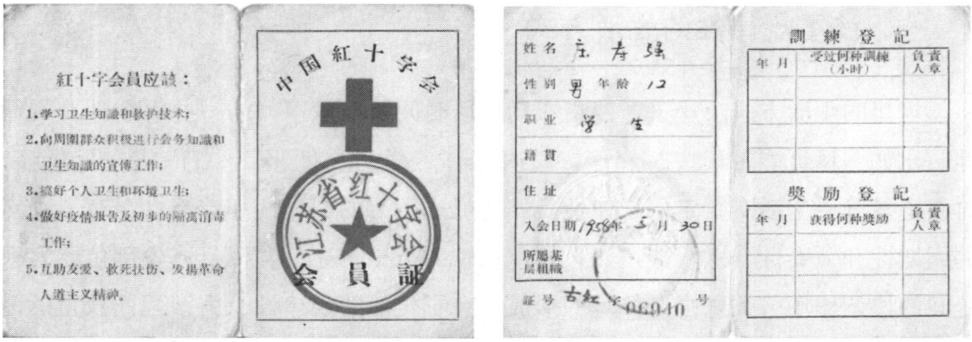

图 1–10 1958 年入中国红十字会会员证

1960 年，我在南京大学附属中学（原南京市第 11 中学）上高中时，正是国家遭受自然灾害的困难时期，粮食严重匮乏，全国上下都在号召节约用粮。据此，有一次语文课上，老师布置了“以节约粮食”为中心，自拟标题写一篇作文。我的标题是“按时吃饭、保护牙齿就是节约粮食”，写作思路大致是：牙齿保护好了，吃饭按时了，那么所摄入的食物在口腔中就能得到充分咀嚼，定时进入胃肠后也可以得到最大限度地消化吸收，从而为身体提供更多更完全的能量和养料。相反，吃下的食物消化吸收不充分排出体外就是浪费粮食。此文引起了老师的不满，在课堂上点名批评我，说我没有按惯例围绕粮食来写作，而是从卫生健康切入谈节约粮食，观点甚是奇怪。我当即在课堂上进行了申辩：身体尽可能多地汲取粮食中的养料，在一定程度上就是避免粮食的浪费，这不就是节约粮食吗？为什么不能从卫生健康的角度来写呢？后来，我的作文只得了最低的及格分。这样的评分当然不能使我信服，至今我也或多或少地保留自己当时的观点。

与此十分类似，那次野外地质实习结束后，带队老师完全不顾及我认真的实习状况，只是以“野外表现不佳”为由，感情用事地扣减了我应该得到的实习分数。这种并无道理地用实习成绩对我的卫生健康理念进行惩罚，不但没有迫使我与大家一样的“随大流”，反而促使我更严格地遵守生活规律，以尽量减少野外地质工作对健康产生的冲击。这件事也从另一个角度让我看清了老师手中所谓分数的虚伪性：我宁可被他无端地扣分，也决不会动摇和改变自己对“健康第一”理念的认知，更不会降低自己对地质实习的严格要求。

后来，当我走上教师岗位指导学生进行野外地质实习时，则始终坚持“只要时间一到，立即停止工作，马上就地用餐”的原则，我向学生反复解释，在野外工作中，随身携带的饭早晚都是要吃的，吃饭时间是不能节省的，只有在固定时间吃饭才是合理的，这样的“小事情”对于健康、对于身体、对于你们今后的生活质量和对地质科学的发展都具有极为重要的意义。

此外，我还遇到过另一个情况是发生在1968年初到青海工作阶段，当时正处于“知识分子必须接受工人阶级再教育”的年代，故此我与工人师傅们一同上班劳动。由于我们劳动的工种性质较为特殊，每天上午的上班时间完全要受另一个工种当天进度快慢的制约，由此造成每天上班的时间难以固定，一般是在上午8时至11时之间（冷湖的当地时间与北京时间相比，大约有2小时时差），无任何规律。另外，冷湖的不良自然环境和人烟稀少状况又造成大多数人都有早晨迟起的习惯，只要没到上班时间就不起，形成了“在床上迟起几分钟也是舒服”的观念。由此导致很多人每天起床、早餐、上班时间不定，很大程度上失去了生活的规律性，也损害了身体健康。

面对因工作所需而产生的早餐时间变化，我进行了全面思考：既不能影响革命工作，又要保持生活的规律性——那就只有将起床时间确定在一个较早的、固定不变的时间点上，这样，无论上班时间怎样变化，也不会影响早餐时间了。于是，那时全单位大概只有我一人始终保持每天（当然也包括休息日）早晨7：30起床，由此我也成为别人眼中与众不同的“怪人”。在那个特殊年代还差点被扣上“不能与工人阶级打成一片”的帽子，后因反复据理力争，特别是在多次井喷时我都能往前冲，在劳动中真正发扬了工人阶级不怕脏、不怕累、不怕苦的实干精神，终于得到了工人师傅们的认可。

正是在各种不同环境条件下，我一直都不忘自己的信念，始终坚持将健康和身体放在第一位置上，常常积极去思考如何科学合理地寻找出尽量不影响工作学习，又能适应客观规律的生活方式，由于有这一卫生习惯，才保证了我几十年来从未受过消化道肠胃病、关节炎、心血管病等地质工作者常见职业病的侵染。

规律的生活方式是我在卫生的理性指导下，真正“把健康放在第一位”而逐步养成的。长期以来，无论周围人群对我的行为怎样难以理解，如何贬褒不一，我都不会放在心上；无论生活的潮流如何时髦、新颖，如何跌宕、更新，我也不会盲目跟进。有时可能冒着得罪同事、亲友的风险（例如，我烟酒不沾的生活习惯曾多次引起某些同事、亲友在不同场合中产生过误解）去坚持自己认可的“健康第一”理念，这种做法虽然要付出一定代价，但（超）健康的体魄和学术研究上的累累硕果带给我的收获却是无价的，继而，随着时间的推移，发生在同事、亲友中的很多误解也自然消失了。

二、注重多样性的食物结构

食物与营养是人体能量和物质基础的唯一来源，它们只能从外界摄入。食物营养的多样化是体卫结合锻炼并使身体维持（超）健康状态的基本保证。

20世纪六七十年代，我们这一批在青海冷湖“石油城”工作的人群，曾因地域偏远和自然环境恶劣而处于食物营养供给的困难之中。当时，除了主食面粉尚能基本满足需求外，其他副食配给的匮乏超出了人们的想象：一年中约有半年时间几乎见不到任何新鲜蔬菜水果，另外半年才有一些萝卜、土豆、大白菜等少数易贮藏的副食供应，真正能看到新鲜蔬菜水果的只有3~4个月时间，而且品种十分有限，一般只有小白菜、菠菜、韭菜、芹菜、卷心菜、西红柿和苹果等区区数种。所有这些蔬菜水果全是本石油单位运输部门从至少几百公里外的农牧业区采购运来（因为冷湖到处都是茫茫戈壁沙漠，所以无任何农牧业），但到我们手中时，其新鲜程度已大为降低。肉类主要是羊肉，在当时冷藏技术很不发达的年代，也只是寒冷的季节才会有一定保证，至于鱼虾类水产品则基本绝迹。由于每次运来的副食数量有限，常常按人数定额配给。

在副食如此匮乏的条件下，我必须考虑究竟如何做才可能最有效地利用极为有限的食物资源，最大限度保证体育锻炼和身体健康。

首先，鉴于“职工食堂中原本为数不多的蔬菜常被烧煮过度而破坏了其营养成分”的情况，我利用当时宿舍中免费安装的天然气炉灶（主要用于取暖），尽量自己动手烧菜。没有食用油（当时食用油全为国家计划供应，市场上不允许买卖）就直接用水烧煮，在别人看来虽然口味欠佳，难以下咽，然而，我只要想到其中的营养成分可以保留，对健康卫生有利时，便会食欲大增。由此，我常对同事开玩笑说，吃饭要端正其目的性，吃饭的目的主要是为了健康，为了地质、为了革命，只要目的性明确，即使不合口味的食物也会变得好吃了。

其次，为了能尽量减少所吃食物的重复性，我又专门设立“食物记录本”，记下每天摄入的食物情况，以此每周进行一次全面回顾、比较、调整食物种类的重复状况，找出应对措施，在尽可能少的天数内尽量多地改变食物种类。

此外，充分利用某些蔬菜中被丢弃的部分也是我十分关注的事情。由于每次供应的蔬菜大多按人员定额配给，数量较少，故我常常将同事不愿食用的白菜帮子、萝卜皮之类弃之不食部分取回烧熟食用，虽然口感很差，但其中却含有不同种类的营养成分，对身体有所裨益。此事曾一度成为同事们茶余饭后的谈资笑料。对此，我也经常调侃道：在如此恶劣环境下，你吃饭究竟是健康第一，还是口味第一？食物来源如此艰难，你们只顾口味，不问健康，那与动物有什么区别？动物才是只重口味的，哪怕是毒药，只要好吃就行，反之，如果口味欠佳，即便对它身体再好，它也不会正视一眼，于是大家一笑了之。其实，人们丢弃的白菜帮子、萝卜皮之类的“边料”在当地极为干燥的气候条件下很难腐烂，也不会变质，只是失去水分吃起来口感较差而已，不太会影响身体的吸收，故而应该充分利用。

充分利用食物营养所采取的另一做法是不暴饮暴食，严格控制自己每次每种食物的摄入量——虽然冷湖的食物供应匮乏，但偶尔也会突然出现集中供应某一食品的反常现象，例如，对于每年买不到几次的鸡蛋，偶尔也会因货源较足而敞开供应。这时，同事中会有不少人只凭喜好，全然不顾身体需求，一次连续吃上10多个茶叶蛋，以解口头之馋。对此暴饮暴食的做法，我决不会效仿，坚持一天只食用1~2个鸡蛋，因而常被同事们议论为“小气”“抠门”，我认为这样才能合理利用、充分吸收食物所提供的营养成分，既不浪费食物，又有利于自己的健康。事实表明，有意识、有目的地利用食物结构的多样性，合理进行安排，对我当年在冷湖艰苦环境下能够持续进行体育锻炼起到了十分重要的作用。其实，每次每种食物的摄入量不宜过大的理念在当下更增加了另一层意义：人们都知道，现在的蔬菜、肉类等农副产品中多多少少都含有一定量的农药、化肥、添加剂、抗生素等有害物质，这是我们根本无法回避的现实。然而，如果每次食物摄入量不大，这些有害物质就较容易通过人体的正常代谢最大限度地排出体外。

通过在青海10年成功地进行体育锻炼，并获得超健康的身体事实，我联想到当下极个别号称“营养大师”的专家们，常常有意无意地利用人们普遍追求健康的心理，发表各种不着边际的怪论。今天讲要吃这个好，明天又说要吃那个强，好像只有从天上飞的到水里游的，从地上生的到山里长的食物都吃遍了，才能满足人体的营养需求，否则，人将疾病不断，甚至性命难保，等等。此外，还必须按他们所说的“秘方”，采用一定的“诀窍”，在某个固定的时间内补充其指定的食物，不然的话，将会失去健康，大祸临头。对此，我们不妨思考一下，当初人类祖先——人猿或猿人，只是生活在范围不太大的环境中，他们一生能接触到几种食物呢？他们大概从来没吃过什么人参燕窝、深海鱼油之类的山珍海味吧，然而，在百万年的漫长岁月中，他们不也是正常地生活，而且进化到人类了吗？其实，我们还可以看一下其他不同种类的动物，它们一生也只摄入为数不多的食物种类而已。比如，牛一般只是吃几种草；熊猫，则主要吃竹子；至于蚕，一生中只吃桑叶一种食物。这些动物的发育不但正常、健康，而且其寿命还可能达到其正常的“生物年龄”，这些不值得人们去深思吗？通过实地调查得知，动物园中饲养的虎、狼等动物的主要食物也只是几种肉类而已。怎么进化到人类后反而营养极度缺乏了，今天身体缺钾，明天身体缺钙，今天要补维生素A，明天又要补维生素C，有的专家甚至说，人每天至少要吃20种不同食物才能满足身体需求，等等。所有这些或许还真应该有专门的健康学学科（参见第六章）进行详细因果关系的科学论证后再下结论。

所以，与当年我每天只能吃到廖廖数种食物的冷湖艰苦条件相比，现在市场上食物是如此丰富，种类又如此繁多，只要不极端偏食，顺其自然，那么我想在营养卫生方面一般是不会出现什么问题的，对于少数专家不太负责任的或者说过多偏向于商业目的的说法，我们应该进行冷静的分析和思考。

下面这个因果关系甚为明显的故事，大概可以引发人们对当下各种食物与健康关系的深思：

国外有一个聪明的中学生，为了证明蚂蚱的耳朵能听到声音，而且耳朵还是长在大腿上面的，于是他抓来一只蚂蚱放在桌上，用手掌拍打桌面发出声响，嘴里同时在喊："跳呀！跳呀！"蚂蚱果然应声跳起。然后，他将蚂蚱抓住，摘掉其大腿，再放回桌上，虽然他也多次拍打桌面发出响声，嘴里仍然不停地在喊："跳呀！跳呀！"，但蚂蚱始终未跳。于是，他得意地说："看到了吧，事实已表明，我将它大腿摘掉后，它没有了耳朵，听不到声音，所以就不跳了。"

第四节　锻炼的效果与众不同

一般来说，有意识地用心投入，最终总会有一定的回报。我通过50多年有目的、有计划持之以恒的体育锻炼，觉得自己的体质得到了很大的提高，为我在地质学领域及其他学科领域中的科学研究奠定了坚实的身体基础，除此之外，还在无意中催使我对运动健康领域的实践和理论方面形成了一些新认识，使我获得了与他人锻炼不完全一样的效果。

一、在实践中探索出"间隔锻炼（法）"

大学期间，在传统"每天运动"观念指导下，我尽力做到每天都去锻炼，从中也确实取得了一定的成效。

毕业后，我刚开始到青海冷湖工作时，面对自然环境条件的恶劣和若干因素的制约，尤其与学生时代明显不同的是每周必须工作6天、每天必须工作8小时，这一点完全限制了自己长期进行"每天锻炼"的可能。为此，我只能利用每周的周日去进行与地质密切相关、又不受运动场地限制的长跑锻炼。

既然是每周而不是每天进行一次锻炼，那么自然要仔细考虑如何合理安排好每一次锻炼的运动量，以及与此相关的其他问题。鉴于当时年轻，身体素质较好，所以，我便把原先每次长跑锻炼3000～5000米的距离增加到13000米（冷湖两个行政区之间的距离，这样可以从一个区跑向另一个区，跑起来较为方便），仔细体验并检查每次锻炼结束后身体各器官、系统的适应情况，遵循“只要有所不适便立即停止，或减少运动量”的原则，认真查找不适的原因，做出调整后，再继续锻炼。

经过三个多月的实践，我意外发现，每周进行一次锻炼，其实际效果和身体各部位的反馈并不比过去每天锻炼的效果差，在许多方面甚至效果更好。这让我欣喜不已：当我以研究态度对待锻炼时，发现应该使用科学研究中的“逼近法”继续对此锻炼效果进行实践探索，于是，我将每周锻炼一次的做法尝试延长到每两周锻炼一次。通过近半年的实践，事实再次表明锻炼效果依然很好，这也使我深深地感觉到，人的身体中其实蕴藏着亿万年前远古祖先保留下来的巨大适应环境的潜能，我曾多次为在恶劣环境下体验到这种潜能，并且产生如此满意的锻炼效果而惊叹不已。实践成功以后，我又将每两周一次的锻炼延长到每三周一次，结果发现其效果不太稳定，有时很好，有时略有下降，显然，这样的锻炼方式不太可能长时间持续性进行，于是，我再次恢复到每两周一次的锻炼状态。

经过一年多的实践、分析、思索、研究，我发现每两周一次的锻炼方式不仅能很好地与每天的工作、学习、生活规律相匹配，而且锻炼成效十分明显。此外，这种锻炼方式还有利于在食物匮乏、气候恶劣条件下体能的有效发挥，有利于最大限度地维持已有的锻炼成果，符合理论上“动—静—动”的锻炼原则和哲学上的对立统一规律，也符合生命既在于运动（锻炼）、又在于静止（间隔）的辩证观点。于是，我就将这个锻炼方式作为自己以后长期锻炼的行动指南，在现实中不断地检验、完善，慎密执行。

由此，在实践中我摸索到的“间隔锻炼”规律与人们传统的“每天锻炼”观念并不完全相同，但它却能充分适应多种不良环境，随即，按照冷湖三个行政区地理位置的分布情况，为自己确定了以每7～14天进行一次、每次在13000～25000米范围内的长跑为主运动项目的间隔锻炼法，从而在茫茫戈壁上探出了一条不同于他人、不同于传统、不同于当时运动理念的独特锻炼之路。

后来的事实表明，这种间隔锻炼的方法是非常适合我自己身体状况的。这种方法不仅使我在冷湖恶劣自然条件下顺利完成了十年的体育锻炼，更正了当地人所谓“在冷湖最多只能坚持两三年锻炼”的认识，而且在其后 40 多年持之以恒的锻炼生涯中一直起着积极的推动作用，产生了意想不到的成效，最终形成了撰写本书的实践基础。

二、在认识上形成了“超健康”新理念

如前所述，大学期间我曾给自己确定了一个体质标准：即使在野外陷入没有吃、没有喝也不能睡觉的困境，仍然能够不停顿地连续 24 小时开展正常的野外地质工作。

值得庆幸的是，在现实生活和实际工作中，我还从未遇到过如此困境，只是遭遇过几次相近的情形。其中一次是 1969 年 8 月 10 日，我与两个同龄人在既缺水又缺食物的柴达木盆地茫茫戈壁沙滩上连续行走近 20 小时，其中一人终于坚持不住，最后在我的搀扶、甚至是背驮的情况下才勉强前行，直到救援车赶到。次日，他便病倒，卧床数日后才痊愈，而我则一切正常。由此看出，我与同事之间的体质和健康状况是有所不同的，这其中其实已经隐藏着若干健康方面的深层次认识。

后来，在探析运动与健康的关系时，我有意识地利用创造学中的若干创造原理，对过去几十年来的一些典型事例及类似情况再次进行分析，结果表明，经过间隔锻炼后，我的体质状况，即在不良环境下健康生活、工作的适应程度要比一般同事强许多，也就是说，我与他们健康的程度有显著不同。经向有关专家请教，同时也查阅相关文献，虽然并未获得满意答案，但却在无意中发现，当今人们对身体健康的认识，居然与几千年前古人对健康的认识大致相同，基本仍停留在“三健康状态”健康观认识水准上，即将人体健康状况只划分为不健康、健康和亚健康三种状态。由此，我结合自己的健康状况进行了更深层次的思考，既然比健康程度差一些的状态被称为“亚健康状态”，那么，像我这样比一般同事健康程度好一些的健康状态又该叫什么呢？于是，受本行古生物学领域中普遍存

在“亚科”和“超科”两个相对应生物分类阶元概念的启发，我的头脑中很快就形成了“超健康状态”的新理念，即比一般健康状态更好的健康状态，从而对健康概念的内涵产生了进一步的认识。

三、在身体上收获了“三无二精”式健康

50多年来，我用科学态度进行锻炼而获得的第三个效果是在客观上收获了“三无二精”式的健康（超健康）。

所谓“三无二精”式健康中的“三无”指的是在这50多年的工作、学习、生活的过程中，我从来没有请过一次病假、从来没有住过一次医院、也从来没有挂过一次水（输液）。直到2018年撰写本书，我的身体始终都保持着“精神饱满”和“精力充沛”的“二精”健康状态，从未出现过“身体无力”“疲乏困累”“精力不集中”之类的倦态。事实表明，我已经用实际锻炼成效超额完成了当年党对青年人所提出“为祖国健康工作50年”的目标任务，至今我仍在坚持每7~10天进行一次5000~10000米长跑的间隔锻炼和常年（尤其是冬季）的冷水浴，几十年来我花费的医疗费用加在一起估计不超过1万元，所有这些均保证了日常高质量的生活水准，这种“三无二精”式健康状态在今天看来理当属于真正的“无价之宝”。

“三无二精”式的健康身体有力地支撑了我对以地质学为中心的多门类学科研究、探索和创建，期间我发表有关论文200余篇，出版专著（教材）19部，其中大部分为原创性论著。例如，在地质学中我曾超前性、系统性地提出“地层时差对比”理论，用此理论（假说）合理地解释了当今地质学界若干悬而未决的问题，其中包括一般人也知道的、十分热门的“恐龙灭绝之谜”的话题①，这在一定程度上践行了自己早年提出的“只为地质事业而锻炼身体”的诺言，完成了在大学期间立下的“占领古生物地层学学科中某一前沿最高点”的心愿。后来，为了配合、促进地质学的发展，我又进入创造学和旅游学领域，先后尝试地创建了“地质创造学”“行为创造学”和“地质旅游学”（注：是地质旅游学，

---

①庄寿强．时间、穿时及地层的时差对比——地层学中若干基本问题的开放性探究［M］．徐州：中国矿业大学出版社，1994：39-52.

而不是旅游地质学，这两者极易混淆，因此也是很多业内专家常常分不清楚的概念）的学科体系，并出版了相应学科的第一部基础性著作①②③，在一些高等院校中也多次系统开设相关的创新课程（2001 年曾获

图 1-11　1997 年主讲“中国科学院创造学培训班”

得“创造学”高等教育国家级教学成果二等奖，这是迄今为止唯一一项创造学国家级教学成果奖）。2013 年原创教材发行第四版后，又出版了英文版专著，由此迈出国门，传到海外④）。此外，我还应邀到数十个行业系统的各层次人员中做了 500 多场学术报告或专门培训，均反响热烈，其中就包括 1997 年主讲的“中国科学院创造学培训班”（图 1-11）。我能做到这些，加上现在仍旧能顺利进行“间隔锻炼（法）和超健康”的探索研究，都离不开健康身体的支撑，当然也该归属“三无二精”式健康的功效。

四、在锻炼中体验了体育精神与科研精神的统一

50 多年来，我一直在多个门类学科中进行一些基础性科学研究，与此同时，我也一直为了地质而持之以恒地进行体育锻炼。作为一个科学研究者和一个运动爱好者，我深深感受到整个科学研究中体育精神的鼓舞和激励无处不在，正是这种体育精神与科学研究精神的融合统一，在相当程度上促成了我众多的科研成果，这种统一性主要表现在以下几个方面：

第一，体育运动与科学研究都需要有明确的奋斗目标和敢争第一的气魄。我在体育运动方面最早树立的目标是健康地为党工作 60 年（见图 1-1）；在科学研究方面的目标则是占领地质学学术领域的某一最高点。有了明确的奋斗目标和敢争第一的气魄，就会产生巨大的行为动力，克服各种各样的困难，一步步接近并

①庄寿强．地质创造学［M］．徐州：中国矿业大学出版社，2000：1-260.
②庄寿强．普通行为创造性（第四版）［M］．徐州：中国矿业大学出版社，2013：1-228.
③庄寿强．地质旅游学纲要［M］．徐州：中国矿业大学出版社，2014：1-154.
④庄寿强．普通行为创造学（英文版）［M］．徐州：中国矿业大学出版社，2014：1-177.

达到目标。

第二，体育运动与科学研究都需要有坚韧不拔的毅力和顽强拼搏的精神。相比之下，体育运动偏重于体力上的毅力和拼搏，科学研究则偏重于脑力上的毅力和拼搏。然而无论是体力上还是脑力上的毅力和拼搏，都需要充分发挥人的主观能动性，主动克服旧有的习惯（含思维上的习惯，即思维定势）、有意识地战胜艰难困苦。为此，我写过多种体裁类型的文学作品，并汇集成册，取名为《油城凯歌》，以求通过文学作品的创作来进一步挖掘体育运动精神与科学研究精神中的深层次内涵，从而在源头上增加自己前进的动力。“高原运动之歌”便是一例，此歌词是继所作“修井石油工人之歌”词曲后所写，因特殊原因未能如愿以偿完成谱曲程序（图 1-12）。

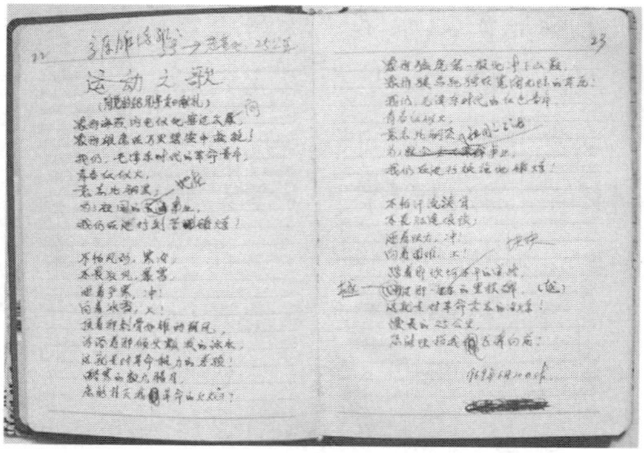

图 1-12 高原运动之歌（1969 年手稿）

全文如下：

高原运动之歌

（向党的 48 周年生日献礼）

像那海燕闪电似地穿过云间，
像那雄鹰在万里碧空中盘旋。
我们，毛泽东时代的革命青年，
青春红似火，
意志比钢坚。
为了祖国的地质事业，
我们在进行刻苦地锻炼。

不怕风砂寒冷，
不畏狂风暴雪，
迎着严寒，冲！

向着冰雪，上！
顶着那刺骨如锥的朔风，
浴着那倾头瓢泼的冰水①，
这就是对革命毅力的考验！
酷寒的数九腊月，
怎能扑灭我革命的火焰？

像那猛虎箭一般地冲下山巅，
像那骏马驰骋在宽阔的草原。
我们，毛泽东时代的红色青年，
青春红似火，
意志比钢坚。
为了祖国的石油事业，
我们在进行顽强地锻炼。

不怕汗流浃背，
不畏征途艰险，
迎着阻力，冲！
向着困难，上！
踏着那一条条坎坷道路，
越过那一块块里程界碑，
这就是对革命意志的冶炼！
漫长的二十五公里②，
怎能阻挡我勇往向前？

1969 年 6 月 30 日于青海冷湖

---

①当时宿舍内没有浴室，此处指的是在柴达木盆地进行冬季室外冷水浴。
②冷湖的第一行政区（当地人叫“老基地”）与第三行政区（当地人叫“五号”）之间的公路直接距离大约 25 公里。

第三，体育运动与科学研究都需要有认真踏实的作风和马克思主义的辩证思维头脑。认真的作风是做好任何事情的基础。回顾我这50多年来的锻炼历程，几乎没有发现过哪一次锻炼是不认真的，也没有发现过哪一次锻炼是马虎行事的，包括我每次做广播操的每一个细小动作。不认真锻炼的行为纯粹是浪费时间，也不会达到预期效果的，人的一生并不长，尤其是中青年的锻炼黄金时期更为短暂，因此没有任何理由只是因为不认真而导致锻炼的失败和时间上的浪费。

除了认真的态度外，我还认识到了马克思主义的唯物辩证法在体育锻炼和科学研究中的重要性，并逐步将其作为自己体育锻炼和科学研究的指导思想，因为两者都需要突破形而上学的认识观，不盲从、不迷信所谓的专家、权威，需要辩证地看待两者之中存在的多种不同学术观点和具体做法，找到其问题的本质所在，从而全面地认识事物，不断发现问题和解决问题，最终达到预期目的。

第四，体育运动与科学研究都需要随时总结经验，及时修正错误，这样才能在前进的过程中少走弯路，更大地提高锻炼和科研的效率，获得创造性成果。其实，有了随时总结的习惯，即使走了弯路，也能很快找出原因，从而及时吸取教训，这对以后的发展同样有益。

第五，体育运动和科学研究都需要有永葆乐观的心态。这种乐观不仅仅是在顺利状态、良好条件下取得成绩时的乐观，更是在逆境情况，不利条件下遭受挫折时的乐观，是在各种各样艰难困苦环境下也能不气馁、不悲伤、不忧郁、不退缩，调整好心态，对准既定目标，坚定不移，在自信中产生的一种乐观。

总之，为达到更健康（超健康）而进行的体育运动与为创造突破而进行的科学研究两者之间都需要有非常明确的目标意识和强烈的动机意识，有了这些意识，你才会主动去探索其中的规律，利用这些规律，从中找出适合自己的具体运作方法，从而获得预期的效果。不动头脑、不假思索、指望单靠模仿他人介绍的零星经验或方法，机械地去做几个简单动作达到预期健康的目的或许是难以行得通的。

五、为大学生创立了“巧步走”实训课程

1963年大学二年级时，在“一切为了地质”的自我格言激励下，我开始关

注地质工作中最普通、最重要、也是最为一般人所忽视的身体最基本能力——“走路”，并对其进行了一定的探究，以便挖掘其中的技巧，更好地为地质工作服务。

很显然，要想更好地适应地质工作需求，尽量延长野外走路疲劳到来的时间是一个关键。那么，怎样才能延长走路疲劳到来的时间呢？或者说，怎样走路才能省力气而不容易感觉到疲劳呢？解决这个问题可以从两个方面加以考虑：一是加强相关的体育锻炼，提升体质水平，这是人人都知道的简单道理，在此不做专门讨论；二是提高走路的效率，即以同样的速度走同样的路程怎样花费的体力最少，从而最不容易感觉到疲劳，这就与走路中的若干技巧有关了。

我尚未发现有人关注过此方面内容，更未见到有关的研究成果，最常见到的是与体育有关的“竞走”运动，其中虽然有很多技巧和方法，但那些技巧和方法与日常中的“走路”大多无关。于是，我根据野外地质工作的需要，在不同情况下探索自己在野外走路时的最佳步伐长度，包括在平地、在不同坡度角的上坡和下坡的最佳步伐长度及每一个步伐中大腿、小腿等不同肌肉群的用力情况和放松过程，如用力的强度大小、用力的持续时间、各部位肌肉放松的持续时间、放松程度及用力时间与放松时间之比等。经过半年时间的观察、体验与思索，我发现了自己过去走路中的一些不当之处，摸索出更合理的走路要领，经过 2 年的实践练习，最终形成了走路时的“条件反射”，快到大学毕业时，我才算是“学会”了走路——在野外穿上地质登山鞋，在平地保持每步 1 米（这也是最大限度地满足野外地质工作学业的需求）的步伐长时间轻松行走。其后的地质工作实践显示，我以此法行走了几十年，在野外地质工作中也遇到过各种艰难困苦，但至今未出现过任何身体“疲劳至极”的感觉，有时同伴们已感到极度疲劳，难以坚持时，而我却依旧感觉良好，体力充沛。

直到 2012 年，应××旅游学院所聘，为大学生系统性首开自己创建的“地质旅游学”和“旅游创造学”课程时，我无意中讲到了走路技巧在野外地质工作中的重要性，结果引起了导游专业老师的共鸣，他们希望我将野外走路的技巧传授给学生，老师们还说，我们导游也是每天要走很多路的，而且有不少是山路，所以，我们很需要有一个实用且走路不累的方法——其实从广义上讲，不仅仅是导游，只要从事与走路有一定关联的工作者，大概都希望自己走路能轻松、省力，能尽量延迟疲劳时间的到来。为此，我又用了半年时间将走路技巧整理上升，提炼出每个步伐中所包含的“抬”“甩”“落”“移”“蹬”五要领，并写成相应的教学大纲，经该学院朱丹（中文）教授取名为“巧步走”后，首次为大学生开设了相关的实训课程（课程教学大纲详见本书附录二），受到大学生的欢迎。

第二章　间隔锻炼（法）提出的概念基础

认识真理的主要障碍不是谬误，而是似是而非的真理。

——列夫·托尔斯泰

我没有什么才能，不过喜欢寻根刨底地追究问题罢了。

——爱因斯坦

当你看到不可理解的现象感到迷惑时，真理已披着面纱悄悄地站在你面前。

——巴尔扎克

不要让自己的大脑变成别人思想的跑马场。真正独立思考的人，才是精神上的君主。

——亚瑟·叔本华

"间隔锻炼（法）"是经过长期锻炼实践，在一些"通理"启迪下最后提炼出来的。这其中一个重要的"通理"就是，如果在学术层面上进行探究，那么最终都要求所探究概念的含义应该清晰，概念的逻辑应该分明，而且清晰和分明的程度也往往成为衡量其学术水平的一个潜在标志。

据此，本书在系统阐述"间隔锻炼（法）"之前也应该甚至必须对"锻炼"及其相关的"运动"等基本概念先做一些基础性探讨，以尽量保证其概念在学术上的明确性，只有在理论上概念变得清晰了，才不会在实际交流中出现误识或曲解，才有可能在更多人的现实锻炼中形成一定的可操作性。

第一节 当下对“运动”概念认识与使用上的差异

只要稍微关注一下有关运动与健康的信息，不难发现，不仅一般民众对“运动”含义的认识差异颇大，难以统一，而且就连一些业内的专家学者在其专门文字著作表述中也常常显得有所随意，变化不定。

一、一般人对“运动”一词认识的差异

2016 年，某地区对一定范围内人群进行运动与健康情况的调查后，该地区的相关媒体也进行了专门报道。报道称，在众多调查对象中，每天进行运动的人只有 22%，而从来不运动的人竟占到 48%。该报道的原本目的是以“从来不运动者”竟达到 48%之高比例的“震惊”现象为依据，将其与心血管病、流感、癌症等多种病症的调查结果对应挂钩、验证，最后达到唤起更多人积极投身到运动中，增进健康、远离疾病的目的。这本是一则积极向上、鼓励更多人参加运动非常好的调查研究成果的新闻报道。然而，由于当下对“运动”一词一直缺乏可为人们所共同遵循的确切含义，人们就只能从各自角度去认识、理解和揣摩该报道的真实情况，大大降低了调查结果本身的可信度，因而很难达到原先预期的目的。

一般人认为“运动”的范围是很广泛的，即使每天在家中来回走动，比如从卧室走到厨房，或者走进卫生间等，也应该算做运动范畴，当下许多热门的、能记录每天行走步数的各种计步器（包括手机）也都是将这些屋内的走动计入“运动”范畴。所以，如果按照这样的一般性理解，那么“每天运动者只有 22%”的结论显然就失实了；此外，“48%的人从来不运动”的结论则显得更加难以理解：因为这明显地意味着在众多被调查者中，有将近一半人是常年卧床不起且“从来不曾走动过”的。这是一件完全不可思议的事——除非所调查的对象大多为正在住院的病人，而且，即使是住院中的病人，其“从来一步也未走过”的不能走动者也未必能达到 48%。

由此，我们只能这样来揣摩调查报告：事实的真相很可能是48%的被调查者只是从来没有进行过专门的体育运动而已，因为专门体育运动与捎带泛泛运动的含义可以相差很远。当然，不同的人也可以从不同的角度对“从来不运动”者进行其他意义上的猜测或想象，这样也可能产生出多种多样不完全相同，或者完全不相同的结果。

于是，这个来自于实际调查中的“22%”和“48%”之说，则因为其“运动”含义的不确定性而受到不盲从思考者的广泛质疑，从而难以达到调查者的初衷和目的。

与此相似的是近来网络上广为流传一则信息：有人曾以某知名大学哲学系的老教授们长期不运动、但个个却高寿的事实为由，来说明“生命在于静止”的观念，这同样也是对“运动”概念差异性的误识而产生出的荒谬结果，因为这些老教授们根本不可能长期不走一步路。

由此可见，对“运动”一词含义的不清晰而造成的认识误差不仅影响人与人之间的思想交流，而且还会因此而形成所谓“适量”运动和“合理”运动等多种运动误区，从而影响各项体育运动的正常开展。

除此之外，在日常方方面面的有关运动与健康的社会问卷调查中，一方面，人们并未见到调查者对运动的含义做过什么实质性的解释或限定，另一方面，人们又希望被调查者能“如实、认真”填写有关“运动”的具体内容，比如：调查表中的“你经常运动吗?”“你认为运动对你有什么好处?”等。由于不同调查对象对“运动”的理解存在着较大差异，即使他们都认真如实填写调查表，但却可能因为与调查者的认识不完全相同，或者很不相同而使其所填表中的内容产生失真，况且，有时让调查对象更难回答的是，在同一份调查问卷中，调查者时而使用“运动”的概念，时而又替换为“锻炼”一词。于是，调查对象只能以自己对“运动”的直觉判断，即时（有时会因不同情形下的“即时”而对“运动”产生不完全相同的理解）地进行“认真”填写了。以如此粗糙而又可能失真的调查问卷结果做为第一手资料，调查者何以从中正确地分析、归纳出合乎客观实际的科学结论呢?

二、部分专家对“运动”及相近概念使用的随意

一些业内专家对于“运动”这一基本概念的确切含义可能理解不同或认识上有所差异，故而在他们所撰写的论著中常常会出现“运动”及其相近的“锻炼”等词汇混用现象，这就在一定程度上造成其交流、传播困难或产生歧义。

其中的一个重要表现是某些专家或许并没有介意“运动”与其相近的“锻炼”这两个概念之间的异同关系，故在其论著中无意地相互替代、交叉使用，常常使人不知所云，由此造成一些媒体在传播其研究成果时，即使在同一篇稿件中也常常出现诸如“有氧运动”与“有氧锻炼”交叉混用的情形，然而这些专家却始终未去解释“有氧运动”与“有氧锻炼”之间的关系。那么，人们究竟是应该进行“有氧运动”，还是“有氧锻炼”呢？对此，不去深入考虑的人常常若无其事地随意理解，忽略了其指导作用，其结果只能是该怎么运动还是怎么运动，而认真思考的人则是一头雾水，不知道是应该运动还是应该锻炼，最终也只能按自己已有的方式进行，同样很难从中得到什么有益的启示。

此外，在正式出版的论著中，也不难发现一些研究者随意使用“运动”与“锻炼”两个词汇（概念）。例如《运动与健康》一书中，第二章第一节的标题是“运动能增强人体全身与各系统的生理功能”，然而，在紧接其下阐述的所有对人体7个系统生理功能的小标题中，逻辑上本该与“运动”一词前后呼应的地方，却突然替换成了“体育锻炼”一词。而且，在整个“第一节”七个小段的近万字论述中，除了极个别地方采用“运动”一词外，绝大多数地方都不做任何解释地改用“锻炼”字样，基本上再未见到“运动”一词的踪迹。① 其实，只要愿意去寻找，就不难发现类似随意使用“运动”一词的论著绝非个别现象。

更使我感到惊讶的是，我原以为业内专家们是无意中混淆了运动与锻炼的概念，后来，我向某体育学院一位高职位专门从事体育理论工作的专业教授请教时，得到的回答竟然是：“这很正常嘛，并没有什么奇怪，也没有什么不妥的地方。我们专业人士都会正确理解的，你怎么如此较真，如此挑剔呢？”难道专业人士都能无偏差地理解“运动”与“锻炼”的含义吗？我不知道，而且，即使

---

①李洪滋．运动与健康［M］．北京：化学工业出版社，2004：44-57．

专业人士能正确理解，也应该将其真实含义普及给一般民众，使其能得到准确的、而不是似是而非的信息。不过，该教授的一番话倒使我悟出了一些深层次的问题。

三、对“生命在于运动”理念认识的困难

汉语中的“运动”一词本身就具有明显的形象性、直观性和易懂性，似乎无须进行任何解释，人人都知道“运动”的含义。正是受这种似是而非模糊概念的影响，法国启蒙思想家伏尔泰“生命在于运动”的名言才得以广泛流传。

但是，也正因为人们对“运动”的真实含义缺乏明确认识，“生命在于运动”的理念很难成为人们真正进行强身健体的具体行动指南，现实中也难免会出现各种各样认识上的偏差。为了纠正这些偏差，一些专家学者不得不在“运动”之前加上“合理”二字进行矫正，这就变成了“生命在于合理运动”，从而增添了其“似是而非”的色彩。

其实，人们对“运动”概念的内涵并未认识清楚，仍处于模糊的状态，那么又怎能谈得上“合理”二字呢？这里所谓的“合理”是合什么样的“理”，究竟怎样做才算是“合理”呢？对于这些现实中必然遇到的实际问题，却很少有人做出明确的解释或可操作的说明。所以，仅仅在“生命在于运动”中加上“合理”二字，其实用性并没有因此而得到更大提升，它的最大作用，或许只是在一定程度上强化了某些已有的论述似乎更加“正确”而已。

于是，在对“运动”尚缺乏明确含义的情况下，当前一些人只能从各自角度出发，根据各自不同的经验、阅历、水平和想象力，无原则、无标准、无方法地去揣摩上述所说“合理”运动的含义，去臆造各自认为“合理”运动的方法，然后以其作为指导自身运动的指南。这样，在我们周围就会出现各种各样“合理运动”的结果：一些人经过一定时间运动后，确实感到身体非常健康（或许这些人群中有一部分人原本身体就很健康，只是在他自认为“合理运动”的心理作用下，会感到一定欣慰而已），这些人完全不会怀疑，而且还会大力助推“生命在于运动”的现实意义，由此形成了社会舆论的主要潮流；另一些人经过一定时间运动后，身体健康并未产生明显变化，他们不太相信“生命在于运动”的

功效，但是在社会主潮流的涌动下，这些人常常默然处之，并不过多地表态、议论；还有一些人则因对专家们给出的所谓“合理”尺度把握不准（其实，在很多情况下，他们根本就无法把握“合理”的界限），他们在经过一定阶段自认为是“合理”的运动后，不仅未给自己带来健康，反而身体上出现了某些负面效应，直接导致伤残或病变，这些人不赞同“生命在于运动”的观念，他们并不完全知道其中的真正原因，经验性地吸取“教训”后再次退回到不运动或少运动的原点上。

面对如此杂乱的现象，又有一些人提出了“生命在于适量运动”永远正确的“至理名言”，之所以讲是永远正确，是因为“适量”二字的妙用。其实，人们都知道“物极必反”的道理，即任何事情做过了头都可能走向反面，也就是说，做任何事都要适可而止，得有一定的“度”，不仅“运动”应该如此，其他诸如喝水、吃饭、睡觉、工作、学习等也不能过量，都必须遵守“适量”的原则。所以，单单讲运动要适量，虽然不会出任何差错，但如果不对“适量”做出令人信服的解释，特别是不指出可操作的界限，那么也会与其“合理”运动一样，最多只是一个更为华丽的空头辞藻而已，在认识和实践中并没有什么特别积极的指导意义。“适量”的关键之处仍然在于提倡者并没有从运动的角度明确告诉运动者什么叫运动的“过量”，什么叫运动的“适量”，以及如何做到运动的“适量”。正是在这一点上，本书的“间隔锻炼法”中将提出若干粗浅的见解，供读者进行“适量运动”时参照。

最后，“生命在于运动”的观点最早可能只是从某个角度提出来的，从这一角度出发，应该说它本身并没有什么错误，然而，人的生命是一个统一的有机整体，如果从另一个角度来看，生命也同样在于静止，在于合理的静止与适量的静止，鉴于这一点，也需要我们对“运动”的概念做进一步的分析、研究和探讨。

总之，一般人对“运动”含义认识的差异性，某些业内专家对“运动”概念使用的随意性，以及“运动”一词本身所具有的形象性、直观性和易懂性，特别是其含义的不确定性等多种因素，已经影响人与人之间的清晰化交流，一定程度上也可能影响体育科学作为一门学科的正常发展，这些现象应该引起人们的关注。

第二节　运动、体育运动和第二运动系统运动

由上可知，若要理顺并消除人们在认识和实践中因“运动”概念的模糊性而产生的差异和困扰，避免在彼此交流中产生不必要的歧义或误解，特别是若要对运动与健康进行一定深度的理性探究，比如，若要更准确地表述，并尽量让读者无歧义去认识、理解本书提出的“间隔锻炼（法）”及其“超健康”的真实含义，就不得不先对“运动”及其相关概念做一些必要的研究与探讨。

一、“运动”的概念

究竟什么是运动？对于这个形象又直观，似乎人人都知道的概念，却很少有人专门从理性层面探讨过它本身的含义，这大概也是前面所说的引起人们对“运动”认识的差异与使用随意的一个重要原因。

具有相当权威性的《运动与健康》一书中对于“运动”的概念有这样一段解释：“我们这里讲的‘运动’，是广义的体育运动（physical education and sport）。它是一种特殊的社会现象，它是以发展身体为手段，增进健康，丰富社会文化生活的教育过程和社会文化活动。”① 类似的解释还可见于其他一些体育类高等教育的教材中，比如《新编大学体育教程（第2版）》中也有“广义的体育（亦称体育运动）是指以身体练习为基本手段，以增强人的体质，促进人的全面发展，提高运动技术水平，丰富社会文化生活和促进精神文明为目的的一种有意识、有组织的社会活动”②，等等。

显然，从一定的学术意义上来看，诸如上述的表述与解释方式并不完全符合“定义”本身的若干要求，因此还很难断定为是对“运动”概念的确切定义，它们只是从某一角度对“运动”概念做了一些描述而已，很难将其作为理论依据或衡量标准直接指导人们的运动实践，也很难以此为基准具体进行学术上的研讨与交流。

---

①李洪滋．运动与健康［M］．北京：化学工业出版社，2004：32.

②陈智勇．新编大学体育教程（第2版）［M］．北京：北京航空航天大学出版社，2014：3.

为此，本书根据我长期锻炼的实践，同时参考、吸收上述专家们对“运动”描述中的合理部分，遵守逻辑学中最普遍、最基本的关于定义是“由被定义项、定义项和定义联项三部分组成”① 的原则和方法，查阅《现代汉语词典（第7版）》中对“运动”一词的第一条解释是“物体的位置不断变化的现象。通常指一个物体和其他物体之间相对位置的变化”②，同时尽量照顾多数人长期以来已经形成的运动观念和习惯，我又用了近三年时间，对已有的田径运动、球类运动以及游泳、举重等其他多种类型运动，甚至包括一些动物的运动在内进行了若干分析探究，在此将“运动”的定义初步表述如下，供人们在实践中予以检验、修正和完善，同时也作为本书进行相关问题探讨时的依据。

运动的定义：运动是指人（动物）利用自身力量来改变（含负重改变）身体各部位之间的相对位置，或者改变其整体位置的活动。

显然，如果按此定义，我们平时任何一个简单的动作，如抬手、弯腰、迈步等，都应属于运动范畴，由此，若要找出一个全天都不运动的人，其实是十分困难的，正常人每天都应该在运动之中。此外，“运动”定义中的主体其实也不仅仅局限于人类的运动，按其所述，从学术上看它亦可延伸用于动物，特别是高等动物，故而在“人”的后面加一括号附上“动物”。

二、“体育运动”的概念

关于体育运动，除上面所列举的一些研究者将其作为“广义的体育运动”并等同于“运动”或“体育”概念外，其他一些专家学者的表述也大同小异。如“体育运动是指人们根据生产和生活的需要，遵循人体的生长发育和身体活动的规律，以身体练习为基本手段，结合日光、空气、水等自然因素和卫生措施，达到增强体质，提高运动技术水平，丰富社会文化娱乐生活为目的的一种社会活动。”③

①陈扬建．逻辑学基础教程［M］．北京：科学出版社，2011：16.
②中国社会科学院语言研究所词典编辑室．现代汉语词典（第7版）［M］．北京：商务印书馆，2016：1623.
③段国富，曲丽萍．体育与健康（三年制）［M］．北京：化学工业出版社，2003：1.

从逻辑上看，“体育运动”概念应该是“运动”概念所包含的一个外延较小的次一级概念，它应该受到“体育”含义的限制。由此，要想切实理解体育运动的内涵，就不得不先了解“体育”的含义。

对于体育，一些业内专家曾有专门论述，如“体育是以身体活动为媒介，以谋求个体身心健康、全面发展为直接目的，并以培养完善的社会公民为极终目标的一种社会文化现象或教育过程。”①“狭义的体育（亦称体育教育）是一个发展身体，增强体质，传授锻炼身体的知识和技能，培养道德、品质和意志的教育过程。”② 而《现代汉语词典（第 7 版）》则把体育作为一种教育的类型来介绍：“以发展体力、增强体质为主要任务的教育，通过参加各项运动来实现。”③

根据上述解释，再参考一般人对体育含义的理解，即体育除了具有“教育”的含义外，另一个重要的含义就是其明确的目的性，即体育是为了增强体质，促进健康。1952 年 6 月 10 日毛泽东关于“发展体育运动，增强人民体质”的题词则更加说明了体育的目的性。由此，体育运动的定义就可以在“运动”定义的基础上附加一个限定条件，即：

体育运动的定义：指人们以增强体质、促进健康，或者以提高运动水平为目的，利用自身力量来改变（含负重改变）身体各部位之间的相对位置，或者改变其整体位置的活动。

简单地说，本书中的体育运动就是指为了增强体质促进健康，或者提高运动水平而进行的运动。

因此，“体育运动”定义的本身就自然地排除了诸如农民种地、搬运工运货等很多并非以增强体质、促进健康为目的的体力劳动（运动）。其原因很简单，这些体力劳动（运动）虽然符合运动的定义，可称为“运动”，然而却并非以“增强体质、促进健康”为目的，也不是以提高运动水平为目的，而是以劳动、工作为目的，或者因生活所迫不得已而为之，所以，从学术上看它们并不属于体

①陆孝光．大学体育理论与实践教程［M］．北京：国防工业出版社，2013：7.

②陈智勇．新编大学体育教程（第 2 版）［M］．北京：北京航空航天大学出版社，2014：3.

③中国社会科学院语言研究所词典编辑室．现代汉语词典（第 7 版）［M］．北京：商务印书馆，2016：1288.

育运动的范畴，故而不能称为“体育运动”。此外，当下有一些人在上下班途中如有一段距离必须行走，仅仅是为了上下班而步行的行为虽然也是运动，但却不能叫体育运动。然而，如果这些人加进了“增强体质、促进健康”的目的，甚至为此放弃了乘车的可能而专门步行，那么同样的步行行为就可以归属于“体育运动”的范畴。其实，从一定意义上说，只要运动的方式和强度得当，那么无论什么性质的运动对身体健康都是有一定好处的。所以，在很多情况下，尤其在工矿企业和广大农村中的体力劳动（运动）对人体健康的确有很好的促进作用。然而，在另一些情况下，由于目的性不同，相应的运动方式也不同，体力劳动（运动）与体育运动两者之间是不可以互相替代的，它们之间的关系也较为复杂，可以从相辅相成直到此消彼长的关系。因此，进一步探究，并有意识地利用这些关系来合理地促成身体健康，大概也是新兴健康学学科的一项重要任务了。

最后还需要说明的是，本书所涉及的体育运动只是体力上的运动，至于现已列入体育比赛范围的一些棋类比赛等，则属于脑力上的活动，从学术上看，它已超出了“运动”定义的范畴，故而也不属于本书所讨论的范围。

这样，“运动”的概念就可以用是否含有体育目的而明显划分为体育运动和非体育运动两类。即体育运动是为了强身健体，或者为了提高运动水平而进行的运动；非体育运动不是为了强身健体，也不是为了提高运动水平而进行的运动。

三、第二运动系统运动的提出及其意义

既然运动可划分为体育运动与非体育运动两类，而且区分这两类的标志仅仅在于是否以增强体质、促进健康或提高运动水平为目的，那么，体育运动显然只有人类才可能有，而动物不可能存有这样的目的。所以，对于动物而言，尽管它们也有各种各样运动，如为觅食或避害而在陆地上奔跑，在蓝天中飞翔，在海洋中游泳等，这些行为都不能归入体育运动之中。

由此，我联想到著名生理学家巴甫洛夫所创立的、只有人类才有的第二信号系统理论。对此，百度百科（2017.12）做了如下介绍：巴甫洛夫认为，大脑皮质最基本的活动是信号活动，本质上根据条件刺激的不同分为两大类：一类是现实的具体的刺激，如声、光、电、味等，称为第一信号；另一类是现实的抽象刺

激，即语言文字，称为第二信号。对第一信号发生反应的皮质机能系统，叫第一信号系统，是动物和人共有的；对第二信号发生反应的皮质机能系统，叫第二信号系统，是人类所特有的。通过第二信号系统的活动，产生对现实的概括化，出现了抽象思维，并形成概念，进行推理，不断扩大认识能力。

受巴甫洛夫第二信号系统理论的启发，我们亦可以从“运动”概念中区分出相应的第二运动系统运动与第一运动系统运动两大类，分别简称为“第二系统运动”和“第一系统运动”，而且这两大系统运动的范畴在某种程度上可以与已划出来的体育运动（系统）和非体育运动（系统）大致对应。由此，两类系统运动的划分对于进一步研究并揭示运动与健康的深刻内涵，提供了另一条可探索的道路。

第一系统运动是人和动物（主要指与人类最为接近的哺乳动物）在长期自然演化过程中共同形成的运动天性，是本能的、自然的动物运动体系，其体系中含有许多动物的运动行为和运动方式，这些经过亿万年大自然严酷选择才最终保留下来的运动行为和方式，具有相当程度的优越性、成熟性和合理性。比如，属于第一系统运动的主要运动方式应该是走路和奔跑：自然状态下的牛、羊等动物四下游走寻找丰茂的草地觅食，为了躲避天敌追捕常常被迫奔跑；同样，野外环境中的虎、狼等食肉类动物如果不能快走或奔跑，就会猎不到食物，很快被自然界淘汰。所以，对于动物来说，走路和奔跑大概是其一生中主要的，甚至唯一的运动方式。

由此，世界卫生组织和许多健康专家所提倡“走路是保持健康的最好运动方式”的论证中，无疑可以补充这样一条令人信服的证据，即走路是人类祖先和动物所共同具有的第一系统运动中最主要，甚至唯一的运动方式，它指向着人身体的回归自然，因此走路也可称为是人类一种返璞归真的“返祖运动”，它强身健体的作用是亿万年来经过自然选择而反复检验过的，具有相当程度的合理性与可靠性。

其实，如果进一步探究，人们还可能从动物的第一系统运动中找到更多有利于人类健康的相关因子。比如，我初到青海工作，“被迫”进行间隔锻炼，无意中却获得了满意的锻炼效果，这使我深刻地感觉到：人的身体中其实仍蕴藏着亿万年前远古祖先保留下来的巨大适应环境的潜能，为此我多次惊叹不已。

据此，如何进一步认识并开发动物的第一系统运动，或许是一项前景甚为广阔且十分有意义的工作。比如，我国古代神医华佗所创编的“五禽戏”，在形态上对虎、鹿、熊、猿、鸟 5 类禽兽第一系统运动的动作进行了观察与研究，并做了大致的模仿，后来发展至董文焕所传五禽戏时提出了54个基本动作（虎戏13式，鹿戏9式，熊戏9式，猿戏10式和鸟戏13式）（图2-1），然而，就是这样简单的模仿，却对人体健康起到了很大的促进作用，受到古今人们的共同赞赏。所以，深入探究动物运动过程中的趋利避害、在恶劣环境下的特殊适应、运动中的自我保护、运动受伤后的自愈及自我修复机制等许多问题，对人类第二系统运动中的运动与健康，运动与长寿之间的复杂关系，乃至人类在运动、健康方面如何科学地走向自然、回归自然，都可能得到一些有益的启示。

模仿熊的动作　模仿猿的动作　模仿鹤的动作

图2-1　五禽戏（据李洪滋①）

由此看来，对于大自然所赋予并存贮于动物和人类自身第一系统运动中的众多宝藏进行再认识和再开发工作是时候正式启动了。此外，人们对于第二系统运动的认识目前还处于“刚刚提出某些看法”的初始阶段，本书的“间隔锻炼（法）”也只是初始阶段中的一个标志而已，应该还会有更多的内容有待深入研究、完善，以便使其尽快进入理论层次。只有达到理论的高度，才能反过来指导人们进行科学的健康锻炼，从而促进新兴学科（健康学学科）的诞生和发展。

最后，两类系统运动的提出还为人类其他领域中两类系统的诞生（如第二免疫系统、第二健康系统、第二饮食系统等）起到示范性作用。总之，只要坚持用多角度，全方位的创造性思维对运动与健康进行系统分析，就可能发现更多的第二系统与第一系统，从而更好地为人类高效率运动与健康的实践服务（比如，第一、第二系统中“舒服、愉快、幸福”三部曲幸福观在促进人的心理健康中很

①李洪滋．运动与健康［M］．北京：化学工业出版社，2004：242-243.

可能具有一定的开创性作用。对此将有另文探讨）。

第三节　运动负荷及体育运动概念划分

按照逻辑学一般规律，人们可以根据不同研究或现实需要，从不同角度、采用不同标准或依据，对同一个概念进行不同类型的划分。由此，为了更准确地表达“间隔锻炼（法）”的真实内涵，本书以运动负荷为依据，对体育运动的概念进行了必要的划分。

一、运动负荷的含义

人们既然要运动，就必然涉及运动量的问题。

然而，当下体育界中所指的运动量，并不像一般人所理解的那样简单，“量”的组成其实是较为复杂的。《运动与健康》一书中写道：“运动量是一个综合的概念。影响运动量的主要因素是练习强度、密度、时间和练习的数量等，改变四个因素中的任何一个都会影响运动量和生理负担量的大小。”① 很多人并不主张使用“运动量”一词，而是采用“运动负荷”的概念。比如，《体育健身原理与方法》一书中写道：“运动负荷作为人在体育锻炼时机体所承受的生理负担，决定其大小的主要因素是量和强度。任何运动负荷都由量和强度所组成，没有量的强度和没有强度的量，都是不可思议的。”②《现代汉语词典（第7版）》中则直接把运动负荷完全等同于“运动量”，并把运动量解释为“由强度、密度、时间、数量及运动项目的特点等因素构成。”③

由此，为避免产生误解，本书不再用“运动量”一词，而只使用“运动负荷”概念，即运动负荷是由运动负荷的强度与运动负荷的数量所组成。

1. 运动负荷的强度

《运动与健康》一书中说：“强度是指单位时间内所做的功，以（公斤·

①李洪滋．运动与健康［M］．北京：化学工业出版社，2004：256.
②唐宏贵．体育健身原理与方法［M］．武汉：湖北长江出版集团，湖北人民出版社，2000：62.
③中国社会科学院语言研究所词典编辑室．现代汉语词典（第7版）［M］．北京：商务印书馆，2016：1623.

米）/秒来表示。但在实践中，一般习惯于用跑速、游速（计时）、举起多大质量的重物或单位时间内完成动作的数量来表示运动强度，但这些表示方法也还不能准确反映人体的生理负担量，所以现在衡量运动强度均采用最客观的生理指标来反映。"① 如果考虑其他学者对运动负荷强度的认识，我们基本赞同"运动负荷的强度主要应该是指单位时间内人体生理负担量"的看法。由此，单位时间内生理负担量大的运动，即负荷强度大的运动称为剧烈运动（如100米、200米短跑），而单位时间内生理负担量小的运动，即负荷强度小的运动则称为温和运动（如慢跑或走路）。

2. 运动负荷的数量

运动负荷的数量，即负荷量，是由负荷的强度和负荷所持续的时间所决定的。如果负荷强度不变，那么负荷持续的时间越长，其负荷量就越大；反之，负荷所持续的时间越短，那么负荷量就越小。《体育健身原理与方法》一书中指出："机体能够承担小的强度而大的量，就能够承担小的量而大的强度。反之，机体能够承担小的量而大的强度，就能够承担小的强度而大的量。但它们二者又是互相转化的（图2-2）"②。

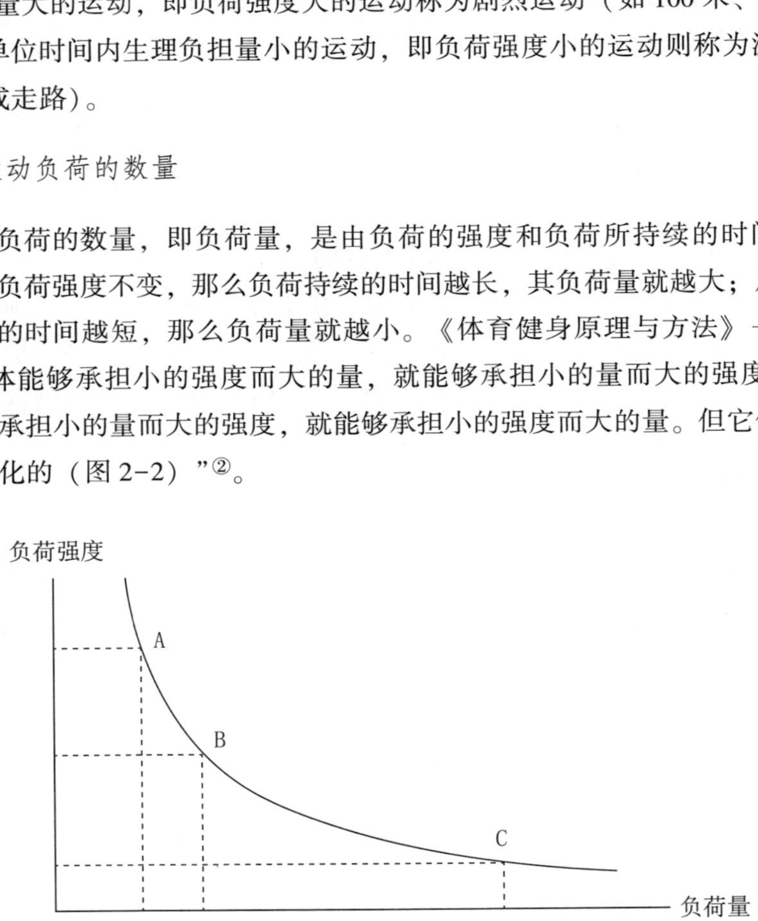

图2-2 负荷量与强度互相转化示意（据唐宏贵）③

①李洪滋．运动与健康［M］．北京：化学工业出版社，2004：256-257.
②唐宏贵．体育健身原理与方法［M］．武汉：湖北长江出版集团，湖北人民出版社，2000：62.
③同②，63.

二、运动度——运动负荷的“安全系数”

现实中，人们通常把一些事物性质的变化程度叫做度，比如，物体软硬的变化程度叫硬度，冷热的变化程度叫温度，潮湿的变化程度叫湿度等。由此，我们便可以提出运动度的概念，即人体运动时运动负荷量的变化程度。

这里的运动度首先指的是相对运动度，即运动者的一次运动负荷量变化达到他自己最大极限运动负荷量的程度。

为此，一个体育运动者首先应该十分确切地了解自己某一运动项目的最大极限负荷量，然后才可以将其具体极限负荷量由小到大依次划分为 10 个等级，即 10 个度。其中，第一个等级运动，即“1 度运动”，指运动负荷量是达到其极限负荷量的 10%比例。以后，每个等级按 10%的极限负荷量递增，即达到其极限负荷量 20%的运动称为“2 度运动”，达到其极限负荷量 30%的运动叫做“3 度运动”等，以此类推。

于是，根植于同一个极限运动负荷量概念而引申出来的运动度，就会因为不同人具有不同的极限负荷量，而使其具体某一等级的运动度可以反映，且最能反映一次运动的相对运动程度，但它并不能比较绝对负荷量的大小，也就是说，不同运动者进行同样运动度等级的运动，其实际的运动负荷量可以完全不同。例如，一个长跑极限负荷量是 10000 米的运动者，他跑完 6000 米的运动负荷量程度为 6 度，而另一个极限负荷量是 15000 米的运动者，他的 6 度运动负荷量却可达到 9000 米。再如，我自己几十年来每次锻炼的运动度基本都控制在 5~6 度，但进入老年时代，实际的运动负荷量则从之前的 10000 米下降到 7000 米了。

从一定意义上看，本书提出运动度概念的一个重要作用就是为运动者在每次运动中掌控其运动负荷的“适量性”提供一个可供参考并选择使用的“安全系数”，只要运动者每次运动的运动度不超过 8 度，（最好小于 6 度），那么其运动就不可能过量，就是“安全”的，这就基本保证了每次运动中选择其具体运动负荷量的“适量”性、“合理”性。

经验表明，人在较长时期内持有的相对运动度与其相对健康的等级程度之间存在着一定的正相关关系。

为了概念的完整性，最后可以提一下“绝对运动度”的概念。绝对运动度是指运动者的一次运动负荷量能达到一般人最大运动负荷量的程度，并不是以自己的极限运动负荷量为基准。这方面的详细情况应该是健康学学科所关注并研究的内容。

三、体育运动概念划分

根据每次运动中相对运动度大小的不同，我们可将体育运动划分为体育训练、体育锻炼和体育活动（狭义）三个次一级的子概念。

（1）体育训练，简称训练。它是指一次具有很大相对运动度的运动，其运动负荷量至少达到训练者极限负荷量的80%以上，即超过8度运动以上的负荷量，甚至达到或超过其极限负荷量的程度。训练的对象大多为各类专业运动员、运动员或体质较好的中青年人。“训练的终极目的是提高运动成绩。”①

训练的直接目的不完全是或者根本就不是为了增强体质、促进健康，更多是竞技类体育的需要。例如，早期体育界曾提出“三从一大”做法（从难、从严、从实战出发及大运动量练习），这明显属于训练范畴。体育训练涉及的众多问题大多已超出了本书以健康为主的探讨范围，而且这方面已经有大量的研究成果，故此本书不再赘述。

（2）体育锻炼，简称锻炼。它是指一次具有中等程度相对运动度的运动，其运动负荷量一般在锻炼者极限负荷量的21%~80%，即属于3度到8度的运动负荷量。锻炼的对象主要为一般大众（非运动员），锻炼的目的是为了强身健体，以达到高等级的健康或超健康状态。

按照每次运动的具体负荷量大小，锻炼还可以再细划为深度锻炼、中度锻炼和轻度锻炼三个不同层次：

深度锻炼：一次运动的负荷量在其极限负荷量的61%~80%，即属于7度、8度运动；

中度锻炼：一次运动的负荷量在其极限负荷量的41%~60%，即属于5度、6度运动；

---

①田麦久．运动训练学［M］．北京：人民体育出版社，2000：113.

轻度锻炼：一次运动的负荷量在其极限负荷量的21%~40%，即属于3度、4度运动。

（3）体育活动（狭义），简称活动。它是指一次具有较小程度相对运动度的运动，其运动负荷量一般小于活动者极限负荷量的20%，或者其运动控制在以身体微微发热，少许出汗为标志。体育活动的运动度为1度或2度。活动的对象主要为体质较弱者及中老年人。活动的目的在于康复身体，或者保持较低等级的身体健康状态。

按每次运动的具体负荷量，活动也可以细划为“出汗活动”（一次活动的负荷量占其极限负荷量的11%~20%，为2度运动）和“轻微活动”（一次活动的负荷量小于其极限负荷量的10%，为1度运动）两个层次。

由此，体育运动概念的划分可参见图2-3。

- 体育运动
  - 训练（>80%，大于8度的运动）
  - 锻炼
    - 深度锻炼（61%~80%，即7度、8度运动）
    - 中度锻炼（41%~60%，即5度、6度运动）
    - 轻度锻炼（21%~40%，即3度、4度运动）
  - 活动
    - 出汗活动（11%~20%，即2度运动）
    - 轻微活动（≤10%，即1度运动）

图2-3　体育运动概念的划分

注：括号中的百分数为与其极限负荷量的比例。

应该说明，按照上述分类，锻炼虽然属于中等负荷量的运动，但对于很多人来说，它往往并不完全是一种轻松愉快的行为，在很多情况下，它仍具有一定的艰苦性，其实这也与“锻炼”一词的原意十分相合。

在汉语中，锻炼一词是由“锻”与“炼”合成的。按照《现代汉语词典（第7版）》的解释：锻，即锻造①；炼，则是指通过加热或火烧使物质纯净或坚韧②。正如鲁迅先生在《故事新编·铸剑》中所写：“……便将铁捧回家来，

①中国社会科学院语言研究所词典编辑室．现代汉语词典（第7版）[M]．北京：商务印书馆，2016：328.
②同①，812.

日日夜夜地锻炼，费了整三年的精神，炼成两把剑。”① 所以，锻炼常常意味着通过相当负荷量的艰苦运动对身体进行“锻造”和“冶炼”。由于锻炼与身体的超健康状态存在着一定正相关的对应关系，所以，就像“幸福都是奋斗出来的”一样，超健康的强健体魄也是靠艰苦锻炼而获得的。

锻炼的这种艰苦性决定了它只能属于第二系统运动的体育运动范畴，因为动物的第一系统运动中不可能有“锻炼”行为存在——动物除了趋利避害的本能而被迫进行较大甚至很大负荷量等级的运动外，它们决不可能有一种为了强身健体的健康动机而去主动“锻炼”身体的意愿。所以，既然锻炼身体是艰苦的，那么从锻炼本身来看，也谈不上什么“舒服”“愉快”可言。有些人认为自己锻炼得“轻松”“愉快”，其实那大多是在一定程度上混淆了体育锻炼与体育活动两个不同概念后所产生的误判。比如，有人将轻微的1度、2度运动（如广场舞、慢步走等）当成是锻炼身体（其实那只是“活动”身体），也有人将锻炼以后身体上所得到的别样“愉悦感”误当成锻炼本身的愉悦，还有人在一定思想指导下，已经明显地感到，锻炼虽然是艰苦的，但它却会给锻炼者带来健康的身体，正所谓“阳光总在风雨后”，这种通过艰苦性投入得到的回报足以使其在心理上产生一种内在的喜悦与满足。我常常在锻炼后会产生这种喜悦的心情，但这些并不能否定锻炼本身的艰苦性。

“锻炼”的艰苦性不但决定了动物不可能具有锻炼行为，而且，动物的本能习性还经常使它们呈现出相反的“犯懒”状态。如果不是受觅食、求偶、迁徙等本能所为，它们决不会进行强度很大的运动，而是尽量保持少运动或不运动的静止状态。也是出于本能第一系统运动的效应，年幼的动物则好动而不“犯懒”，这一点很像人类，人在少年、幼年时代也同样活泼、好动，这对于促进身体健康和发育成长十分有利，实际上这样的活泼好动也为其后半生，尤其是中老年后的健康打下了一定的基础。显然，这也是动物和人类在长期的自然选择过程中产生的适应性结果。所以，如何充分利用并合理保持少年、幼年时好动的天性，将其科学地引导到第二系统运动稳定的“锻炼”轨道上来，似乎也是一项很有意义的研究课题。

---

①鲁迅．鲁迅作品（一）［M］．吉林：时代文艺出版社，2004：288.

总之，当下人们所讲的“运动”一词，其范围确实太宽，因而使用时常常会出现意义含混不清、难以明确所指的现象，若不加限制泛泛地只讲“运动”，可能会引起相互交流时的偏差与误解。比如，在人们常说的“生命在于运动”这句话中，其运动的含义是指活动（狭义），锻炼，还是训练呢？如果甲理解的运动是“活动”，而乙理解的运动是“训练”，那么他们所讲的“运动”其实就完全不是一回事。如按照乙的理解来指导其运动，那么很可能最终给身体带来一定的损伤而对健康极为不利（就像许多运动员那样）。所以，本书建议，即使在一般人们的相互交流中，最好也能尽量使用具体的锻炼、训练、活动（狭义）等词汇，或者在运动一词的前面加上运动的程度，如 1 度运动、3 度运动、6 度运动等，以准确地表达其真实的含义。

人的一生虽然处于不断运动中，但在不同的年龄阶段，具体运动含义又是完全不同的。把握好其运动的不同含义，并使用具体的不同含义来指导自己的运动，才会真正尝到“生命在于运动”的甜头。图 2-4 是根据我 50 多年来实际运动内容而作出的运动含义变化示意图，仅供读者参考。

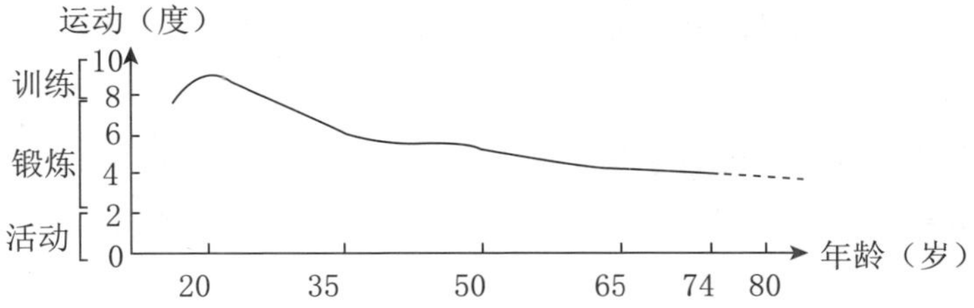

图 2-4　不同年龄段运动具体含义的变化

注：此图为截止到 74 岁时的资料，其后以虚线表示。

第三章　间隔锻炼（法）及其在强身健体中的意义

构成我们学习的最大障碍是已知的东西，而不是未知的东西。

——贝尔纳

讲到学习方法，我想用六个字来概括："严格、严肃、严密"。

——苏步青

实验结果离现有理论越远，那么离诺贝尔奖就可能越近。

——居里

大凡实际接触过科学研究的人都知道，不肯超越事实的人很少会有成就。

——赫胥黎

间隔锻炼（法），是我在工作10年之久的青海柴达木盆地冷湖石油城恶劣自然环境下进行锻炼时，总结、探索出来的锻炼原则与方法。50多年的锻炼实践表明，它与一般认为"每天锻炼"的原则方法相比，不仅实用性、有效性和可持续性强，而且还直接引申出一种全新的"超健康"理念。

第一节　间隔锻炼（法）的概念

间隔锻炼（法）是从锻炼实践中提炼出来并上升到一定认识高度的锻炼原则与方法。为了更准确地表述其真实内容，以及更好阐明其在强身健体中的作用，我们首先应该对其中的每个词语进行一定的解读和限定，这样可以避免一些读者可能会因望文生义而产生曲解。

一、间隔锻炼（法）中“锻炼”的含义

从对“运动”概念的划分结果可知，锻炼虽然都可称为“运动”，但是“运动”却不能都叫作锻炼。就像所有的鱼类都可以叫作动物，但动物却不能都叫作鱼类一样，运动概念的外延更宽，除了锻炼以外，它还包括“训练”和“活动”。

由于训练、锻炼与活动三者之间的运动负荷量差别明显，而且在对其进行划分时，它们之间几乎没有重叠部分，如不加区分，随意使用、套用或混用运动与锻炼的概念，就有可能出现歧义，引发误解，干扰人们彼此间的信息交流。

所以，间隔锻炼（法）中锻炼的含义只限定在第二章从“运动”概念划分出来的“锻炼”的全部含义，即一次具有中等强度负荷量（运动者的运动负荷量只占其极限负荷量的21%~80%）的运动，也就是具有3度到8度相对运动度之间的运动。由此，才取名为间隔“锻炼”（法）。

有人曾将我提出的“间隔锻炼（法）”称为“间隔运动（法）”，这是不严谨的，也是不合适的，极易引发误解，大家千万不能随心所欲地曲解间隔锻炼（法）中锻炼的含义。

此外，按前面所说，锻炼一词的原义是指锻造和冶炼，故而，间隔锻炼（法）中的“锻炼”本身就是一种流汗的、具有中等强度负荷量的艰苦运动，就锻炼本身而言，它不太可能给所有人都直接带来愉悦和乐趣，由此，根据其运动度的变化，自然就会因锻炼概念的明确而出现“炼身”一词，炼身能有效提高人的健康水平和健康等级。这样，由养生、健身和炼身构成的“三部曲”就形

成了一条达到超健康的完整之路。

二、间隔锻炼（法）中"间隔"的含义

有关体育方面的研究结果表明，"人体在运动中所消耗的能量物质，在运动后不仅可以恢复到原有水平，而且可以超过原有水平。与此相适应，人体各器官和系统的机能能力也可以超过原有水平，这就是超量恢复（图3-1）。根据超量恢复原理，健身运动过程可分为三个阶段：即运动时各器官系统工作能力下降阶段；运动后工作能力复原阶段；工作能力超量恢复阶段。"①

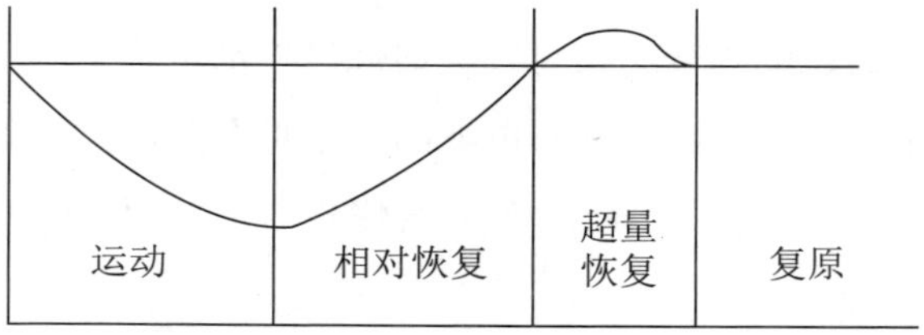

图3-1 超量恢复示意（据唐宏贵②）

显然，图3-1中的这三个阶段组成了运动者的一个（次）独立的完整运动过程，或者叫做一个运动周期。

现有资料显示，人们在研究运动时，较为关注的是一个完整运动周期内三个阶段的运动机制及变化规律，往往不太重视一个完整运动周期结束后，直到下一个运动周期发生前的整个复原过程，也就是运动周期以外过程的研究。这个运动周期以外的复原过程，正是本书所称的"间隔"，指的是在一个完整的运动周期结束到下一个运动周期开始时，"复原"状态的"复原"阶段持续的时间，即图3-2中的"C"段。那么，究竟要经过多长的"间隔时间"才最适宜开始下一个周期的运动，或者简单地说，两个相邻运动周期之间的"间隔时间"究竟应该持续多久为最佳呢？这个在强身健体中极为重要、甚至是锻炼直接目的所在的"复原期"，却很少见有专门的研究报道。

①唐宏贵．体育健身原理与方法［M］．武汉：湖北长江出版集团，湖北人民出版社，2000：61.
②同①.

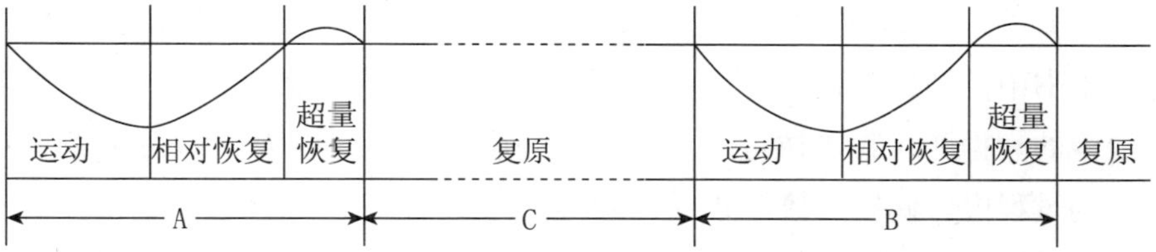

图 3-2 相邻两个运动周期（A 与 B）及其之间的复原间隔时间（C）

注：A：第一个完整的运动周期；B：第二个完整的运动周期；C：两个相邻运动周期之间的复原时间（间隔时间）。

类似“间隔时间”的研究结果，较多是以“运动频度”的形式粗略地出现在文献中。例如，《运动与健康》一书中就有如下介绍：

“对运动员来说，当然锻炼的次数多一些为好，但对以健身锻炼为目的的人来说，隔日一次就可以了，也就是说每周锻炼 3~4 次为宜。年龄较大、运动量和运动强度较小、且有运动习惯者，每日锻炼一次也是可以的。但有一点值得指出，每周锻炼次数最低不能少于 2 次，否则就不能产生一定的运动效应和蓄积作用。”①

此外，在《体育健身原理与方法》中也有类似的论述：

“日本学者研究认为，一周运动一次时，运动效果不蓄积，肌肉疼痛和疲劳每次都发生，运动后 1~3 天身体不适，且易发生伤害事故。一周运动 2 次，疼痛和疲劳减轻，效果有蓄积，但不显著；一周运动 3 次，不仅效果可以充分蓄积，也不产生疲劳。如果增加到每周 4~5 次，效果也相应提高。美国的科学家们也证实，肌肉一旦停止锻炼，其退化速度之快是惊人的。一个人 3 天不运动，其肌肉最大力量会丧失 1/5。如果锻炼 2~3 天后肌肉不能再次‘取得’合乎需要的物理效果，锻炼就会前功尽弃。”②

当然，由于原文中并没有给出较明确说明，我们无法判定以上专家所讲运动

---

①李洪滋．运动与健康［M］．北京：化学工业出版社，2004：277.

②唐宏贵．体育健身原理与方法［M］．武汉：湖北长江出版集团，湖北人民出版社，2000：106.

者的“运动”和“锻炼”之确切含义，大家只好凭自己的感受去自由理解了。不过，本书中使用的“运动”“锻炼”等词语都有其较严格的限定内容，是不能相互混淆的。据此，我走访过一些锻炼爱好者，其中有些人（只占少数）在每天锻炼的过程中，偶然因故停止3~5天会产生一定程度的疲劳，致使其后不想进入锻炼意境，而再启动锻炼的过程又较为困难，于是就停止了自己的锻炼行为。然而，很多受访者却持有不同看法，他们的体验与我50多年锻炼实践的体验基本相同，即他们虽因各种原因而不得不停止2~3天，有时甚至停止5~7天锻炼后，并没有产生“肌肉疼痛和疲劳”或者出现“前功尽弃”现象，常常也和我早年在青海时锻炼一样，停止几天锻炼后反而出现了较为轻松、更想锻炼的念头。与他们不同的是，我感觉到这种“上天恩赐”的机遇后，便立即抓住它、享受它、思考它、研究它，并在利用它的过程中发现了“间隔锻炼（法）”。所以，美国科学家们所谓“前功尽弃”的说法是很值得商榷的，至少，它并不符合相当一部分锻炼者的实际体验，当然更不符合我50多年来的锻炼实践——我的锻炼记录本中就记录有几十年的锻炼实况，现仅以老年阶段61~70岁（2006—2015年）10年间的锻炼情况（表3-1）为例进行分析：这其中每次锻炼后少则停止5~7天，多则停止20~30天（最长一次是在2009年，因意外滑倒而扭伤脚踝停止了46天，其后也只是循序渐进地采用间隔锻炼，大约一个月就完全恢复到原先状态），10年中平均每次停止11~12天。从这10年锻炼的效果来看，根本不存在所谓的“前功尽弃”一说。

表 3-1　2006—2015 年（61~70 岁）间隔锻炼（长跑，一般为相对 5~6 度运动）原始记录简汇表

年龄		61 岁	62 岁	63 岁	64 岁	65 岁	66 岁	67 岁	68 岁	69 岁	70 岁	10 年中
年份		2006 年	2007 年	2008 年	2009 年	2010 年	2011 年	2012 年	2013 年	2014 年	2015 年	
锻炼总次数（间隔总次数）（次）		30	30	31	30	36	36	34	29	30	37	323
相邻两次锻炼之间的间隔时间	最长间隔天数（天）	30	21	28	46	15	20	25	18	24	18	46
	最短间隔天数（天）	5	5	7	7	7	6	6	6	7	6	5
	平均间隔天数（天）	12. 17	12. 17	11. 77	12. 17	10. 14	10. 14	10. 74	12. 59	12. 17	9. 86	11. 3
锻炼负荷量	锻炼总负荷量（千米）	209. 4	218. 2	241. 6	219. 8	241. 8	239. 6	222. 2	192. 1	162. 6	247. 6	2194. 9
	最大负荷量（千米/次）	10	10	12	10	10	10	10	10	7. 6	10	12
	最小负荷量（千米/次）	5. 2	5	6	3. 2	4	3. 2	3. 2	4. 5	3. 6	4	3. 2
	平均负荷量（千米/次）	6. 98	7. 27	7. 79	7. 33	6. 72	6. 66	6. 54	6. 62	5. 42	6. 69	6. 80
每天平均负荷量（千米/天）		0. 57	0. 60	0. 66	0. 60	0. 66	0. 66	0. 61	0. 53	0. 45	0. 68	0. 60

注：①10 年中，间隔小于 7 天共 7 次，占间隔总数的 2. 17%；间隔在 7~10 天共 179 次，占间隔总数的 55. 42%；间隔在 11~14 天共 94 次，占间隔总数的 29. 10%；间隔大于 14 天共 43 次，占间隔总数的 13. 31%。

②10 年中，间隔在 7~14 天的共 273 次，占间隔总数的 84. 52%。

其实，相邻两个运动周期之间间隔（复原）时间的长短是不可能固定不变的。受运动人群性别、年龄、基础体质的差异和具体运动项目及内容，特别是运动目的不同等种种因素影响，其间隔时间的长短必然会有所差别，甚至有较大的差别。

例如，拿争夺名次、探索或挑战人类生理极限的运动员“训练”来说，其目的是要在短时间内尽快提高运动成绩，以便在事先规定好的参赛时间和场地上创造新纪录，这就要求相邻两个“训练”运动周期之间的“间隔时间”越短越好，尤其在运动员“集训”期内，几乎没有提供较长“复原”时间的可能，常常在身体尚未完全“复原”状态下就开始了下一周期运动的训练。据此，体育界中就出现了专门针对运动员训练的“间歇锻炼法”，它与本书所述的“间隔锻炼（法）”完全不是一个概念，这在下面还要专门介绍。

然而，就广大民众而言，其情况就完全不一样了。广大民众作为非运动员，其锻炼的目的主要在于增强体质、促进健康，以便在尽可能长的时期内有效地提高生活质量，从事正常工作、学习和休息。从图3-2中可以看出，在C阶段的复原一开始，直至下一个锻炼周期B出现以前的整个复原时间，其实就是身体停止锻炼的生理休息时间，当然也是日常工作、学习、正常处理各种事务及娱乐的时间，更是“享受锻炼成果”的时间。于是，从理论上说，尽可能延长这个“间隔时间”的长度才是体育锻炼的直接目的所在。

所以，“间隔锻炼（法）”中“间隔”一词的含义是指，而且仅仅是指相邻两个锻炼周期之间身体上持续不锻炼的“复原”时间，即图3-2中“C”所表示的全部时间。应该注意的是，在这段时间内只是不“锻炼”而已，但不锻炼并不等于不运动，按照本书运动的含义，一般人每天都要进行很多属于“活动”范畴的运动，诸如走路、穿衣、抬头、弯腰等。另外，在这段不锻炼时间中，还应专门辅以1度或2度负荷量的其他项目体育运动（活动）。因此，“间隔”一词实质上指的只是身体处于不锻炼的状态。

三、间隔锻炼（法）中“法”的含义

本书提出的“间隔锻炼（法）”中的“（法）”，一般人或许认为就是“方法”，这当然不错，但是，为什么在此要加一括号呢？这也许是读者感到不解的地方。

其实，这里涉及一个常被人们忽略或误识的问题，即运动方法与运动规律（原理）两者的各自含义及其之间的关系问题。

什么是方法？《现代汉语词典（第7版）》中的解释是“关于解决思想、说话、行动等问题的门路、程序等。”① 所以，一般认为方法是解决问题的具体手段、步骤或程序。方法是人在分析各种主客观因素做出判断后，针对解决某一特定问题而制定出来的，具有很强的针对性、主观性、局限性和因人而异性。比如，在一次锻炼中，甲可以制订“先慢跑800米，休息5分钟，再中速跑1500米……”的锻炼方法，乙则可制订“先慢跑400米，休息2分钟，再中速跑3000米……”的锻炼方法，不同锻炼者采用的锻炼方法一般不会相同。即使同一个锻炼者，在不同的时间、地点及不同生理状况情况下，也会采用不同的锻炼方法。20世纪六七十年代，我在青海锻炼时根据各种具体条件制定出非常适合自己的长跑锻炼方法：“每隔7～14天进行一次中速长跑锻炼，距离为10000～13000米”，即每跑一次就停止锻炼7～13天。然而，进入21世纪后，随着年龄的增大，具体长跑的方法理所当然也进行了相应地变更，将中速长跑的距离缩减为5000～8000米（见表3-1）。

既然方法都是因人而异的，那么，它就像经验一样不宜复制、照搬，更不可以完全套用，这一点常被一般人所忽视。方法或经验对于他人来说，只能起到借鉴、参考的作用。所以，我所用的“间隔锻炼法”同样不可以被直接照搬或套用在别人身上，也是不能直接推广应用的。如果要让更多人从中受益并参照使用，那就必须将具体的、具有特殊性的“间隔锻炼法”上升到抽象的、具有一般性的“规律”层次。规律是客观存在的，是事物内在的本质联系，在一定范围内具有普遍的实用性，不按照规律办事是会受到规律惩罚的，所以，规律不会以人的差异、意志或愿望而改变，更不可能被人制定出来。只有规律（含规律中的“原理”）才是可以推广应用的，才是人们制定各种具体方法的根据和指南。

或许一些人不了解方法与规律之间的这种本质上的微妙关系，所以才在认识

①中国社会科学院语言研究所词典编辑室．现代汉语词典（第7版）[M]．北京：商务印书馆，2016：366.

上容易陷入“是学习方法，还是学习规律”的迷茫之中：他们不清楚究竟是应该学习别人的锻炼方法，还是学习其锻炼的规律（原理）。于是，现实中常常见到很多人在推广其成功的健身或养生方法，而且将推广“××方法”作为口头禅在很多场合使用，甚至写在业内人士的专门论著中。然而，实际上他们所推广的、对他人能起到关键作用的却不完全是甚至完全不是所谓的“方法”，而是方法背后隐藏着的“规律”或“原理”，只不过此时是推广者误用了“方法”一词而已。

于是，一些学术领域就出现了“做某件事有方法，但又没有固定方法”的“怪论”。我曾在创造学学术界针对颇为流行的“创造有法，但法无定法”的“怪论”进行了专门的论证、辨析与提升，认为其前后两个“法”字的含义是不相同的，从国内外专家们普遍认可的数百个创造方法中，我最后将人类所有的创造活动上升为8个最基本的创造规律（原理），并详细地阐述了它们之间的关系①，在全国各系统、各层次人群，特别是在中国科学院等多个科研院所中加以推广（见图1-11），得到了非常满意的效果。

十分巧合的是，在运动健康领域内，也出现了类似的现象。如《体育健身原理与方法》中就有这样一段似是而非、让人难以捉摸的总结性表述：“……总之，可以说，健身有法，但无定法，贵在得法，灵活用法。”② 其实，这段表述与创造学界中的“创造有法，但法无定法”一样，前后都提及两个“法”字，其字面虽然同样是“法”，但含义却并不完全相同：第一个“健身有法”中的“法”具有规律（原理）的含义，这个“法”是客观存在的，是可以推广使用的，即“健身有法”表示“健身是有规律可循的”；第二个“但无定法”中的“法”则隐含具体方法的意思，含有“不同的人可制定不同方法”的意义，客观上并不存在一个对所有人都适用而又固定不变的健身方法，即“无定法”；第三个和第四个“法”的含义似乎又偏向于“健身规律”，即贵在正确地认识健身规律和灵活地应用健身规律，从而制定出适合自己的健身方法。所以，如果不从“规律”与“方法”的视角加以认识，那么这段似是而非的表述则只能让人越看

①庄寿强．普通行为创造学（第四版）［M］．徐州：中国矿业大学出版社，2013：155.

②唐宏贵．体育健身原理与方法［M］．武汉：湖北长江出版集团，湖北人民出版社，2000：72.

越糊涂，越看越不知其所以然了。

本书中所说的“间隔锻炼（法）”，已不仅仅局限于我自己制定只适合自己的具体锻炼方法（个性）。通过一定的剖析、研究、上升后，实际上它已更多地体现出体育锻炼中一个锻炼规律（共性），体现了间隔锻炼的规律或原理。例如，在两个相邻的锻炼周期之间必须要有一定时间，甚至较长时间的时间间隔，这是对一般人的强身健体都普遍适用的原则或规律，只不过具体间隔持续时间的长短因人而异，绝不可照搬我的锻炼间隔时间。其实，我自己的具体锻炼方法也不是一成不变的，如前所述，现在我每次锻炼长跑的距离就由年轻时的10000~13000米减少到5000~8000米，然而，其“间隔锻炼”的规律，即间隔锻炼（法）并没有改变。

所以，本书中的“间隔锻炼（法）”本身也不单是一个“方法”，它同时具有方法和规律的双重含义，而且在很多情况下，与他人进行交流时其重点还是指向“规律”，故此，才在“法”字的外面加一括号，以示与其他一些“方法”有所区别。

正因为如此，为了表述方便，本书在使用中如主要意指“规律”含义时，常常将“（法）”省略，而直接使用“间隔锻炼”一词来代替“间隔锻炼（法）”，这也是本书书名中未用“法”的原因。

四、间隔锻炼（法）的含义

通过对“锻炼”“间隔”和“（法）”的含义分别界定后，现在我们就可以对“间隔锻炼（法）”进行整体描述了。

间隔锻炼（法）是指锻炼者在不影响后一个运动周期锻炼效果的前提下，尽量延长相邻两个锻炼周期之间间隔时间长度的锻炼（方法）。

首先，“锻炼”的含义是指运动负荷量占其极限负荷量21%~80%的运动，即3度至8度运动度的运动，不包括“训练”和“活动”，由此，锻炼者应该根据各自实际的体质状况及所确定的健康目标，在每次实践中寻找最佳的运动度来进行锻炼。在此须说明一点，参照我自己的经验，在进行间隔锻炼整个过程中，可根据实际情况及条件，每年安排2~3次达到或超过8度运动度的运动，这样做有利于在长时期内更有效地保持锻炼的整体效应。其次，“不影响后一个运动周期锻炼效果”指的是在后一个锻炼周期开始时仍基本具有机体原有的全部工作能力，即身体已经复原到具有与前一个锻炼周期开始时相同的能力。最后，“间隔锻炼（法）”中的“锻炼”主要用于同一个运动项目的锻炼，即相邻两个锻炼周期的锻炼指的是同一个运动项目。

此外，由于间隔锻炼（法）具有更多“规律”的意义，故而我们在使用时一定要以其中“间隔锻炼”的客观规律为指南，在实践中体验“间隔”和“锻炼”的实质意义后，再结合各自的体质状况确定适合自己的具体锻炼方法。

正确地理解、使用间隔锻炼（法）与人们合理地使用机器有些相似：一台机器如果长期不用，很快就会生锈报废；但如果一直不停地使用，则又会因过度运转、磨损太大而造成损坏，缩短机器的使用寿命。所以，合理使用机器应该是根据机器的实际性能，科学地确定其运转与休息的交替时间，使其在较长的使用期限内达到既能工作（动），又能休息（静）的最佳工作状态。

最后，完整的间隔锻炼（法）还涉及主锻炼项目和辅助运动（活动）项目的匹配问题。由于间隔锻炼（法）中的锻炼具有较大的运动负荷量，锻炼者在全面衡量的基础上，应首选一个主运动项目进行间隔锻炼。考虑到动物第一系统运动中几乎只有奔跑（走）这一种性质的运动，而正是这一种仅有的运动，足以使其正常地、健康地度过一生，由此，跑（走）应该成为强身健体主运动项目的首选。主运动项目对强身健体的作用有些类似于建房过程中主体毛坯房的完成，其后，为了有机地配合主项目锻炼，间隔锻炼（法）还要求锻炼者选择2~3个辅助运动项目进行经常性（可以是“每天”）的、负荷量较小（具有1度或2度负荷量）的“活动”，相当于对“毛坯房主体”进行必要的“装修”，这些“活动”可使锻炼者身体的其他器官系统在不锻炼的间隔时期中都能有所触动、运转，从而起到全面强身健体的作用。当然，作为以跑（走）为主运动项目的间隔锻炼，其辅助运动项目的选择应该偏向于上肢的运动（因为动物的奔跑运动大多是四肢同时进行的）。

经验表明，间隔锻炼（法）中的若干操作原则也可适用于部分项目的“活动”运动中，这需要锻炼者在实践中加以体验。

五、间隔锻炼（法）与当下“间歇锻炼法”的本质区别

在此，还需要特别解释的是，当下体育界早已有一个与间隔锻炼（法）看上去较为相似，且容易使人产生混淆的“间歇锻炼法”，其实，它们之间在本质上有着很大的区别。

什么叫“间歇锻炼法”？对此，不少论著对其都作出了较为一致的解释：“间歇锻炼法是指在两次练习之间，有一个严格规定的休息时间，在锻炼者机体尚未完全恢复的情况下，接着进行下一次练习的方法……间歇锻炼法由于练习之间休息时间较短，机体尚未完全恢复，后一次练习在前次锻炼的痕迹上进行，故对提高机体运动负荷起到助推作用，使人更经济的达到个人适应的负荷。使用间歇锻炼法能够有效地提高人体机能能力，故对青少年锻炼者最为适宜。”① “间歇锻炼法是指在两次练习之间，有严格规定的休息时间，在锻炼者机体尚未完全恢复的情况下，接着进行下一次练习的方法……故对提高机体的运动负荷起到了助推作用，能够有效的提高人体机能能力。间歇锻炼法对青少年锻炼者最为适宜。”②

由此可知，当下“间歇锻炼法”中的“间歇”和“锻炼”含义完全不同于“间隔锻炼（法）”中的“间隔”和“锻炼”的含义，原因有两个方面：一方面，前者的“间歇”时间长度被严格地规定在较为短暂的“锻炼者机体尚未完全恢复的情况下，接着进行下一次练习……”的“尚未完全恢复”之中，而后者的“间隔”时间范围不但以“完全恢复”为标志，而且还将其完全恢复时间再向后延续一段；另一方面，从前者描述的“……尚未完全恢复的情况下，接着进行下一次练习”和“对青少年锻炼者最为适宜”来看，“间歇锻炼法”中所讲的“练习”和“锻炼”大多应该属于本书中的“训练”范畴，其对象主要为青少年，这与“间隔锻炼（法）”中的“锻炼”根本不是同一个含义。总之，“间歇锻炼法”与“间隔锻炼（法）”是针对完全不同的运动对象、达到不同的运动目的、采用不同负荷量运动度和不同长度休息时间进行运动的两种完全不同性

①唐宏贵．体育健身原理与方法［M］．武汉：湖北长江出版集团，湖北人民出版社，2000：73.
②陆孝光．大学体育理论与实践教程［M］．北京：国防工业出版社，2013：21.

质的运动方法，所以，两者之间并无可比之处。

第二节 间隔锻炼（法）在强身健体中的现实意义

我57年来的体育锻炼过程大致可划分为两个阶段：第一阶段是上大学时，第二阶段是大学毕业后进入社会至今（含退休后工作）。

第一阶段因受到来自多方面“每天锻炼”思潮的影响，尤其是进入学校运动队以后，基本上都会遵照“每天锻炼”理念进行运动，说实在的，通过这一阶段所谓的“每天锻炼”，我的体质确实有了很大的提高。然而，当进入第二阶段后，特别是在青海柴达木盆地高寒、缺氧、干燥的恶劣自然条件下，我在实践锻炼中无意发现、并有意使用了间隔锻炼法锻炼了10年，体质不降反升，这样的事实促使我认识到，如果在第一阶段大学期间我就能够采用间隔锻炼（法），体质不仅可能变得更好，而且还可以将大量用于锻炼的时间节约出来放在学业上，进一步提高学习质量。

本节主要围绕“间隔锻炼”与“每天锻炼”相比所具有的优势，以及在强身健体运动中可能呈现出的现实意义进行一些介绍。

一、有助于锻炼“持之以恒”

人们都知道，锻炼必须持之以恒才能有效地促进身体健康。那么，什么叫“持之以恒”？很多与我一起锻炼的朋友初次得知我每隔7~14天才锻炼一次时，都直观地认为这样的锻炼并不是“持之以恒”的锻炼，而是“三天打鱼，两天晒网”的行为。在他们看来，只有不停地每天锻炼才能称为“持之以恒”，即“持之以恒”的唯一表现形式也就是每天锻炼。这种无意中用惯性思维认识“持之以恒”的含义似乎具有一定的局限性。事实表明，后来当他们得知我锻炼持续了50多年之久，而且这50多年的锻炼又取得良好成效时，才不约而同改变了先前的看法：50多年时间，应该算做“恒”了。

首先，现实生活表明，在一生的漫长岁月中，每个人都不可避免地会遇到许许多多来自各个方面不利于“每天锻炼”负面因素的干扰。比如，主观方面

（内在负面因素方面）表现为锻炼者心理或生理上可能出现的不稳定变化、情绪波动、精神困乏、疲倦、不时发生的“犯懒”行为、受伤、生病等；而客观方面（外在负面因素方面）则更为突出：除了每天必须进行的劳动、工作、学习等时间不能随便占用，或者根本就不能占用外，还常常遇到诸如连续工作（或学习）的需要、出差开会、迎来送往、探亲访友、为他人帮忙、家庭琐事、天气变化（如持续的阴雨、大风、雾霾，骤然的严寒、酷暑等），以及其他很多意想不到的突发事件等。仅以上这些难以回避和克服的内、外在负面因素，就足以使得“每天锻炼”的行为，特别是要在几十年中持之以恒、毫不间断地进行“每天锻炼”的行为，变成了无法办到、不可能完成的事情。即使是一个很想坚持“每天锻炼”的人，尤其是那些在多种压力下每天忙于各个工作岗位的上班族，也会因此而难以或者根本不能在长达数十年时间中真正做到“每天”进行持之以恒的“锻炼”。相比之下，在间隔锻炼中，只要根据实际情况采用一定时间的“间隔”，就比较容易避开各种内、外在负面因素的干扰，使锻炼做到持之以“恒”。

其次，再来看一下“每天锻炼”中所说的锻炼。如果锻炼指的是本文所定义的锻炼负荷量，即占极限负荷量的21%~80%的3度至8度运动负荷量的锻炼，那么，要在数十年时间内每天都付出如此大的负荷量，即使外界条件允许，也会因每天过大的负荷量而使机体可能经常处于未完全恢复的疲劳状态（“累计性”过量运动状态）。从理性上看，人如果每天都处于这种疲劳或半疲劳的状态下，那么时间一长不仅会妨害身体健康，影响生活质量，还会使人丧失锻炼的乐趣和自信，久而久之会自然地终止锻炼，使锻炼成为不可持续的运动，当然就更谈不上什么“持之以恒”的每天锻炼了，这样的现象在现实中并不少见。

最后，既然是负荷量较大的锻炼，那么它每次所花的时间也比较长，若在几十年岁月中每天都用一个固定的较长时间去进行较大负荷量的锻炼，显然也是不现实的。

为此，我曾重点走访过多位所谓“每天锻炼”者，他们最初在感觉上都一致认为自己若干年时间都切实坚持“每天锻炼”了。然而，在我向他们正式了解“每天锻炼”的实际情况后，我发现他们之中竟无一人能在20年时间内做到真正意义上的“每天”。其中最具有坚持性的运动者经过数天的仔细回忆、思索（因为他们都没有相应的文字记录）和判断后明确表示，在其10多年的锻炼过程中，每年实际锻炼的天数大多只勉强达到280天，距离一年365天的“每天”相去甚远，而且更为重要的是，从每天运动的负荷量来看，很多并未达到“锻炼”的程度，不具有真正锻炼的含义，只能归属1度或2度运动负荷量的“活动”范畴。至于所走访的其他人每年实际锻炼（其中很多人的运动负荷量也属于“活动”，而并非锻炼的范畴）天数也多在200~250天。也就是说，到目前为止，我还没有发现一人能在20年时间内真正做到“每天”“锻炼”。

经查阅自己的锻炼记录我发现，我这个在大学期间被别人一致认为且自己也默认的“每天”锻炼者，其实根本做不到“每天”锻炼。比如，1964年上半年我实际的锻炼天数只有130天，照此推算（下半年因地质实习2个月，故难以统计确切锻炼天数），全年的锻炼天数也只能在260天左右。

所以，人们通常所讲的“每天锻炼”者，其实并非具有真正意义上“每天”和“锻炼”的含义。由此可见，连续几十年每天锻炼的理念在现实中几乎是不可能做到的。从某种意义上讲，“每天锻炼”并不比干一番事业更容易，有人说干事业必须每天坚持，坚持三天叫心血来潮，坚持三个月叫精神可嘉，坚持三年才叫真正干事业。与此相比，“每天锻炼”的“恒”决不是三个月或三年而是三十年、五十年甚至更长时间，这样的恒才会终身对健康有益。可见，“每天锻炼”的提法其实更多地是表达人们对锻炼身体的一种恒定决心和信念而已，就像在“愚公移山”寓言中所说的那样，提倡人们学习愚公的“移山”精神，并非要求人们真正去模仿愚公具体“移山”的做法。

当然，由于此前人们对运动、锻炼、活动的概念分辨不清，误把每天都必须来回走动的“活动”当成“锻炼”来看待，这样一来，几十年中所谓的“每天锻炼”者（“每天活动”者）则比比皆是了。

其实，当下一些专家们似乎也不那么严格强调一年365天必须“每天锻炼”了，而是退一步地认为，“每周锻炼次数以3~5次较合适，基本上以隔日运动为宜”①，也就是每年运动180~200天。当然，由于至今人们尚未充分理解“锻炼”一词的内涵，所以，这“隔日运动”中的“运动”究竟是什么含义，也就只能各自去揣摩了。既然严格意义上的“每天锻炼”中的“每天”是几乎不可能的

①唐宏贵．体育健身原理与方法［M］．武汉：湖北长江出版集团，湖北人民出版社，2000：106.

事，那么，实际上大多数人的锻炼行为也就只能顺理成章地归入间隔锻炼中，但这种间隔锻炼与本书具有严格意义的间隔锻炼（法）还有着不太一样的地方。相比之下，前者在“间隔”的含义以及“锻炼”中的实际负荷量方面，或多或少带有“三天打鱼，两天晒网”的色彩。

人们一般所说的“三天打鱼，两天晒网”式锻炼，其实质应该是一个人想起来，或者高兴了就锻炼一气；想不起来或不高兴，或者受到任何一个负面因素的干扰，甚至自身“犯懒”行为，都会减少运动负荷量，或者完全停止锻炼的一种无目标、无规律、无周期的随意散漫的锻炼行为。这种锻炼行为不仅做不到几十年的“持之以恒”，而且锻炼的无规律性和运动负荷量的不稳定性还常常会对其身体造成一定的，甚至是较严重的伤害。本书提出的“间隔锻炼（法）”具有较强的计划性，它是一种目标明确、规律清楚、周期性很强的重复性锻炼行为，这样的行为在我的生活中持续了半个世纪之久，所以，“间隔锻炼（法）”的锻炼与一般所说“持之以恒”的运动理念在意义上不但不矛盾，反而在另一个层次上进一步诠释了“恒”的含义，补充完善了“恒”的内容。

最后，从哲学层面上来看，间隔锻炼（法）完全符合自然界中事物运动与静止的辩证关系，符合事物“波浪式前进、螺旋式上升”的周期性发展规律。因此，锻炼必须要有科学而合规律的“间隔”，这样才能真正做到“持之以恒”，才能真正达到增进健康的效果。

二、有助于明确锻炼的直接目的

体育锻炼的根本目的是为了强身健体，有效提高健康水平和生活质量。然而，现实中有不少人，特别是一些中老年人，其锻炼目的常会出现某些偏差，导致“事与愿违”的现象时有发生。例如，某些中老年朋友，尤其是退休老人，他们在“每天锻炼”理念的强烈支配下，每天都尽力克服各种困难，力求“按时上班”，严格完成“锻炼”任务，即使客观上负面环境因素突然发生变化，或者主观上出现身体不适、疲劳甚至关节疼痛等运动性病变，也仍然以实际行动维护“持之以恒”的理念，“排除万难”地去完成既定的锻炼任务，如若哪一天确实因为某种不可抗拒的因素而未能锻炼，就像犯了什么大错似的，自责不已。这种把每天锻炼看成一项任务而必须完成的误识，在一定程度上偏离了锻炼者为了增进健康而进行锻炼的方向，它通过心理上的曲解与放大作用，给锻炼者身体造成无形的伤害，甚至可能完全抵消其所谓“每天锻炼”本身所带来的微薄成效。

其实，锻炼者进行每一次锻炼的直接目的应该说是为锻炼者在生理上造就一段更多、更长、更有效的“不锻炼时间”。什么是不锻炼时间？不锻炼时间其实就是图3-1中的全部“复原”时间，其长度是图3-2中的“C”时间段，就是“间隔锻炼（法）”中的“间隔”时间，也就是享受锻炼成果的时间。

几十年的锻炼经历显示，我每次锻炼后的“不锻炼”间隔时间大约是7~14天，平均为10天左右（见表3-1）。这其中，除了锻炼当天感觉略有疲劳（但这点疲劳并不影响当天所有的工作、学习和生活）外，第二天我就基本恢复了体力，其后便一直保持着精神饱满、精力旺盛、思维敏捷，感觉完全有体力继续进行锻炼，但考虑到锻炼动与静之间的辩证关系，故而主动压抑其跃跃欲试的锻炼欲望，将锻炼的潜力保留在体内以维持良好身体状态。这种良好的锻炼静止状态可以一直保持到下一个锻炼周期的开始——就这样周而复始地延伸下去，使我在50多年的生活中始终有充沛的精力去进行工作学习，退休后仍能做自己想做的事情，高质量享受人生乐趣和锻炼的成果。这些都是所谓“每天锻炼”无法得到的。所以，锻炼的直接目的应该是“为了不锻炼”，或者说是为了不锻炼而锻炼。

三、有助于选择“最佳锻炼日”

锻炼是具有3度到8度较大负荷量的体育运动，因此，锻炼者选择在间隔时间中的哪一天进行锻炼更适合当时的身体状况和环境变化，更符合各自的生活规律，是必须认真考虑的。

对此，每天锻炼者因为遵守“每天”持之以“恒”的锻炼原则，所以根本就没有任何可以选择在哪一天进行锻炼的可能。与此相比，间隔锻炼就不同了，在间隔锻炼中，由于相邻两个锻炼周期之间的间隔时间较长且天数较多，所以，锻炼者完全有可能参照其当时的身体状况，以及各种各样的客观因素，从众多间隔天数中选择最合适锻炼的一天进行锻炼，这样既能有效地避开锻炼中各种负面因素的干扰，最大限度地发挥锻炼的“炼身”作用，达到最佳锻炼效果，又能最小程度或者基本不影响已有的生活规律。由此，从锻炼的间隔时期中所选择的最适合锻炼的这一天便称为“最佳锻炼日”。

同样，因为在“间隔锻炼”中的间隔时间较长，天数较多，这在客观上也为锻炼者提供了较为充裕的时间，用来更多思考怎样认真、仔细地应对每一次锻炼。例如，锻炼者可以参照不同季节、不同天气、不同环境及身体变化、突发因素等具体情况，来合理地安排每次锻炼内容的细节，包括具体锻炼负荷量、锻炼前的准备活动、预热运动的选择、锻炼过程中每个动作要领的掌握及体验、错误动作的纠正、速度调节、体力分配、身体各部分器官系统的可能性反应，以及锻炼结束后的各种整理活动等。只有事先考虑得细致，计划得周到，每次锻炼才会获得预期满意的成效。

最后，选择在“最佳锻炼日”进行间隔锻炼，还会使自己有足够的时间对锻炼做一些文字记录、材料整理、自我分析，与他人的运动经验和与已有的运动理论进行比对，从中找出不足之处加以改进，提高锻炼质量等。我常年锻炼的事实表明，在一定理性指导下的锻炼过程，可以有效地克服盲目锻炼“走过场”行为，这些是“每天锻炼”者难以做到的。

四、有助于掌控运动的适量性

锻炼身体不仅需要有满腔热情的干劲，更需要有科学分析的精神，否则，很可能会因运动过量而适得其反。所以，如何掌控运动中的运动负荷量，就成为运动中一个首要的现实问题。

当下，一些专家的讲座及文献资料内容显示，对运动者如何控制过量运动所做的表述似乎有“抽象肯定，具体否定”之感。在这些表述中，专家一方面要求人们运动不要“过度”，要“适量”，要“合理”，另一方面又不去区分运动者的性别、年龄、体质、健康状况、工作性质、运动目的及所处环境条件等具体情况，向所有人告知几乎完全相同的要求和相同的运动负荷量标准，如全按这样千篇一律的标准去做，实际上很容易使人陷入不合理的运动之中，一部分人可能会因运动负荷量太小而达不到一定的效果，而另一部分人则可能因对运动的热情而进入“过量运动”状态，有损于他们的身体健康。

现仅以在运动中占有重要位置，也是当下人群中极度火爆的“快步走”运动为例，看其是如何不区分具体运动对象，而只强调相同运动负荷量和统一运动标准的：

“因此，医生建议最好能作快速步行，即每分钟达120步以上，而且要等前脚的脚跟着了地，后脚的脚尖才能离地，再加上前腿膝盖要伸直，双臂要摆动，臀部也要扭动起来，这样的步行对身体的锻炼价值才大。

一天要走多少步才能达到锻炼的目的呢？日本医学博士大矢指出，从医学角度来讲，如果用步行作为人一天必需的最低运动量，那得走一万步。美国已故著名心脏病学家怀特主张，每天至少要步行1小时。”①

现实中，不同运动者实际的身体状况千差万别，他们进行运动的目的也各不相同，有的为了健身，有的为了养生，有的为了减肥，还有的为了康复，等等。既然如此，对他们能够只使用同一个“每天走一万步”或“每天至少步行1小时”的恒定标准吗？这大概是每个人细想一下都知道的浅显道理，就如同“一个运输调度者不管其下所属具体车辆的型号和吨位，不管其是否超载，都要求车辆统一每次装5吨货物”一样的荒唐。现实中人们已经发现，有些人曾劲头十足地盲目相信并无条件采用有关专家的“至理名言”，每天进行“日走一小时”“日行一万步”的标准式运动，结果时间不长便由于运动过量而损伤了膝盖，摧残了身体。所以，以强身健体为目的的锻炼者，一定要能科学掌控适合自己的运动负荷量。

正确地掌控运动负荷的适量性首先应了解什么叫运动的适量性。其实，运动“适量”是指运动负荷量既不能太小，又不能过量，关键在于运动不能“过量”，因为过量运动会对身体健康带来风险和危害。对此，经过多次的实际体验、分析，我发现这里的“过量”其实包括有两个层次的含义：第一个层次含义是指单次运动的过量，即在完成一个单次运动全过程后，其运动负荷量已接近、达到或超过其运动者本人的最大极限负荷量，也就是单次运动的运动度已经达到8度

---

①李洪滋．运动与健康［M］．北京：化学工业出版社，2004：281-282.

以上；第二个层次含义是指多次运动的“累积性过量”，就是说，运动者虽然每一单次运动都没有超量，但是在所谓“持之以恒”的某一特定阶段内，可能会因多次的重复运动而造成总体运动上的“过量”。例如，在一年或者更长一段时期内，运动者虽然每天只进行一次6度至8度不过量的锻炼，但却很容易形成累积运动的过量。当然，这里讲的“过量运动”是指全身整体的过量运动，对于身体的局部系统而言，其实也存在这两个层次过量的含义，每个锻炼者都应该充分注意这一点。

理性思考和长期锻炼实践表明，间隔锻炼（法）有助于科学掌控和有效避免上述两个层次运动的过量。

在“间隔锻炼（法）”中，由于对“锻炼”一词含义进行了限定，所以，只要运动者严格地按“间隔锻炼（法）”的要求锻炼，就不可能出现单次运动过量的情况。这是因为间隔锻炼（法）中的锻炼就是指锻炼者一次的运动负荷量只占其极限负荷量的21%~80%，也就是3~8度的运动。由此，无论运动者体质是如何的不同，但只要把握好相对3~8度的运动负荷量这一点，那么他（她）的每一次运动就不可能超过其极限负荷量，也就不可能出现“超负荷锻炼”的现象。这与车辆装货的情况一样，如果给一个载重量为10吨的车辆装4~8吨重的货物，或者依据相同的比例原则，给一个载重量5吨的车辆装2~4吨的货物，是不可能出现“超载”现象的。所以，只要锻炼者参照自己的最大负荷量而事先将自己的锻炼目标锁定，那么，他每次锻炼的负荷量就可预先确立在其极限负荷量的80%以内，照此办法，单次“运动过量”的现象是不会发生的，这也类似于一个弹簧在其弹性限度内，无论怎样拉伸也不会将其拉坏。当然，这样做需要锻炼者预先知道自己的具体极限负荷量（可参见第五章第二节），即“知己知彼”，才能科学地掌握运动的分寸和运动的合理性，这就是使用间隔锻炼（法）可以完全掌控、避免单次运动过量的原因。

此外，间隔锻炼（法）还可以有效地避免运动的累积性过量。这其中的原因完全在于间隔锻炼中对“间隔”的限定：由于在间隔期间内锻炼者持续处于超量恢复不进行锻炼的相对静止状态，所以，持续间隔时间（天数）的长短也会随锻炼者的具体情况不同而有所差异。这样，锻炼者很容易依照间隔锻炼（法）的原则，将间隔时间的天数调整到与其锻炼（“动”）负荷量相匹配的最佳间隔（“静”）天数，这种最佳的匹配完全符合“动—静—动”的辩证规律，由此，在一个阶段中真正持续处于超量恢复意义上的“间隔”，必然会保证其锻炼进入“合理”运动范畴，而不可能形成累积性过量。

最后，按照间隔锻炼（法）的要求，运动者每次锻炼负荷量的大小，即运动度的确定，必须要以不影响下一个周期锻炼的锻炼效果为原则，如果一旦发现有所影响，可随时对实际锻炼的负荷量进行检验、查找原因并及时调整，使其真正回到间隔锻炼（法）的“锻炼”中来，保证运动的适量性和合理性。

综上所述，真正按照间隔锻炼（法）中“锻炼”的含义去锻炼，就能完全避免每次锻炼中的“单次性过量”行为；真正按照间隔锻炼（法）中“间隔”的含义去锻炼，又能完全消除多次锻炼后的“累积性过量”现象。由此可见，为了身体健康而采用间隔锻炼（法）运动才是人们常说的“合理”“适当”的运动。

五、有助于提高健康负荷量（生活质量）

唐宏贵等在《体育健身原理与方法》一书中，根据超量恢复原理介绍了负荷强度法则（图3-3）。

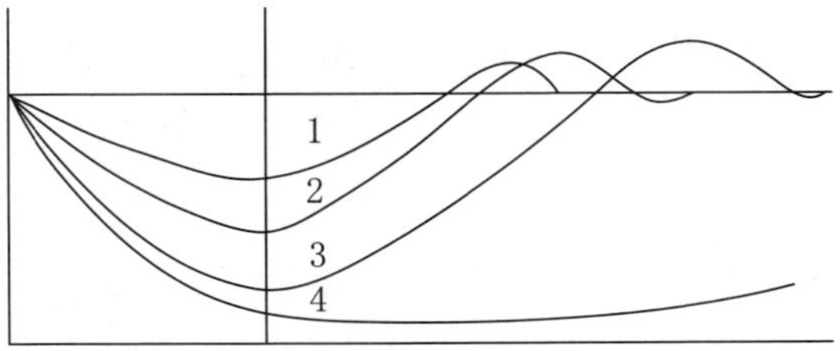

图3-3　负荷强度法则示意（据唐宏贵①）

注：1. 很小的负荷，超量恢复的效果也小；2. 较小的负荷，超量恢复的效果比前者大；3. 适中的负荷，获得理想的超量恢复效果；4. 过大的负荷，机体迟迟难以超量恢复。

然后在正文中解释：“在一定的生理限度内，机体的应答性反应的大小，一

①唐宏贵．体育健身原理与方法［M］．武汉：湖北长江出版集团，湖北人民出版社，2000：62.

般与刺激大小成正比。也就是说，机体的适应性反应取决于运动负荷的强度（刺激程度）……这样，在一定的生理范围内，负荷越大，超量恢复的效果也越大，适应性变化就越大；负荷变小，则机体引起的适应性变化的效果也小，这就是强度法则的精髓。"①

按此负荷强度法则，对照分析"间隔锻炼（法）"中的锻炼含义可知，在"间隔锻炼（法）"中，其锻炼的负荷量既不符合图 3-3 中的曲线 1 和 2 所示的"很小的负荷"和"较小的负荷"，也不符合曲线 4 所示的"过大的负荷"，而是与曲线 3 所示的"适中的负荷"大致相当，因而可以"获得理想的超量恢复效果"。

因此，锻炼者尤其是中青年锻炼者，随着锻炼强度和运动水平的逐步提升，其"适中的负荷"负荷量就会相应变大，这种变大后的负荷量可以通过多次"间隔"的重复锻炼而稳定地出现在每一个锻炼周期中。这样，我们把出现在每一个锻炼周期中较为稳定的运动负荷量称为周期负荷量，从人体健康的角度来看，也可叫作超健康运动负荷量，简称健康负荷量。

于是，根据"负荷强度法则"，周期负荷量越大，那么"超量恢复的效果也越大，适应性变化就越大"，也就是说，锻炼者如果具有更大的周期负荷量，那么他就具有更大的超健康负荷量，从而更能适应日常生活中多种环境的变化，在多种生活环境下都表现为健康状态。

我们在平时生活中经常会遇到一些需要付出较大体力的情况，比如进行家庭或社会上的各种体力劳动、搬动重物、出差旅行、长途跋涉、迎来送往、登山游览等，这时你就会发现，健康负荷量较大的人，其体内积蓄的体力潜能也就较大，那么同等程度体力付出量占其周期负荷量的比例就会变小，也就是说，一个具有较大健康负荷量的人与较小健康负荷量的人相比，在付出同样的体力（如做一样的体力活，同登一座山等）后更不容易感觉疲劳，或者说，与健康负荷量较小的人付出同等的体力后比其感觉更轻松，甚至会有"区区小事，并无大碍""这点劳累，不在话下"的轻松之感，由此显示了平时生活中的适应能力，尤其是身体急需在较短时间内产生爆发力的情况下，如在乘车中将行李托举到高处，

①唐宏贵．体育健身原理与方法［M］．武汉：湖北长江出版集团，湖北人民出版社，2000：62.

在旅行中猛地跨过一个沟渠，或者为了赶车而进行的短距离快速行走或奔跑等，健康负荷量较大的人显然占有更多的优势。这种在较大体力付出后身体上出现的轻松体验，很快会转化为精神上的愉快与满足，从而在一定程度上提升日常的生活质量。而“每天锻炼”者需要持续常年的“每天锻炼”，所以并不存在“健康负荷量”一说，或者说，其健康负荷量也就是每天运动的负荷量，它一般很难达到锻炼的运动程度，因而这样形成的较小负荷量就不会有健康负荷量的众多优势和适应能力，在一定程度上也比不上间隔锻炼者的生活质量。

长期实践经验表明，我年轻时每隔10天进行一次中速13000米周期负荷量的长跑锻炼，可以产生8~10倍距离的走路效应，即一次可以不疲倦地连续中速行走100~130公里（这在一定程度上印证了“机体能够承担小的强度而大的量，就能够承担小的量而大的强度；机体能够承担小的量而大的强度，也就能够承担小的强度而大的量”① 的负荷量与强度互变原理），再加上采用“巧步走”的方法，这就为保证野外地质工作“日行100公里”贮存了足够的潜能。幸运的是，我一生的野外地质工作及日常生活中还从未遇到过如此大体力付出的情况，所以，体内长期存有这样的稳定健康负荷量或许就是我在工作和生活中从未感到过“累”的原因。

六、有助于提高锻炼效率

无论做什么事，都不能忽视产出与投入之间的比例关系，也就是不能忽视其最终的效率，对于强身健体的锻炼来说更不例外。

几十年间隔锻炼的结果显示，与每天锻炼相比，在付出同等体力和同等时间的情况下，间隔锻炼可以获得更大的健康负荷量和更长间隔时间的休息，因而在获得同样锻炼效果的前提下，“间隔锻炼”比“每天锻炼”具有“时间投入更少，体力消耗也更少”的特点，也就是说，间隔锻炼（法）有助于提高锻炼的效率。

以长跑为例，在同样的一个月时间段内，对采用间隔锻炼的甲与采用每天锻炼的乙进行锻炼效率对比分析，其对比结果可参见表3-2。

---

①唐宏贵．体育健身原理与方法［M］．武汉：湖北长江出版集团，湖北人民出版社，2000：62.

表 3-2 间隔锻炼与每天锻炼其锻炼效率比较表

一个月（30 天）中的锻炼状况（以长跑为例）		甲锻炼者（间隔锻炼）	乙锻炼者（每天锻炼）
锻炼负荷量	锻炼总次数（次）	3	30
	每次锻炼负荷量	7000 米	3000 米
	一个月锻炼总负荷量	21000 米	90000 米
	平均每天锻炼负荷量	700 米	3000 米
锻炼持续时间（分钟）	每次锻炼持续时间（含准备活动与整理活动时间）	60	30
	一个月锻炼总持续时间	180	900
	平均每天锻炼时间	6	30
健康负荷量（锻炼周期负荷量）		7000 米	3000 米（待研究）
非锻炼的间隔（休息）天数（天）		27	0
非锻炼时间主观感觉		不可能发生累积性过量，精力充沛	容易发生累积性过量，较累，感觉一般
可持续性锻炼延伸		大于 40 年（实际上已持续了 50 多年）	尚未发现超过 20 年

这里需说明的是，表 3-2 中“甲”的原型是我自己，实际资料来自表 3-1 中 10 年锻炼的平均数。为了便于比对，具体数据只取了整数，如原来的平均间隔天数为 11.3 天，取整数为 10 天，原来的平均锻炼负荷量为 6.8 千米，取整数为 7 千米；“乙”则为假想的“每天锻炼”者，之所以是假想的锻炼者，是因为现实中我一直寻找但始终未能发现连续 20 年内真正做到“每天锻炼”的运动者，同时也未找到相关的实际资料，因此无法进行真人比对，故而只能对所谓“每天”跑步的运动者进行一些必要的咨询，并将其所言加以分析、归纳，然后放在一位“假想”的运动者乙身上，以供参考。

因此，表 3-2 中的数据目前只能起一个定性指向作用，尚不具有真实的定量对比意义，即便如此，也不难看出间隔锻炼的锻炼效率明显高于每天锻炼。

其实，一些有关运动方面的已有研究结果也从侧面折射出“每天锻炼”的效率低下。例如，在吕新颖主编的《运动生理学》一书中，就介绍了发展肌肉力量的一个“合理间隔原则”，其内容是：

“实践证明，力量训练的合理间隔时间应根据对象的训练水平、运动习惯及体质状况的不同，实行区别对待，不宜一视同仁，对运动新手，隔天训练的效果优于每天训练。实验研究表明，每天进行力量训练的新手，训练10次后力量增长47%，而隔天训练的新手，10次训练后，力量增长达77.6%。”①

此外，我们也知道，“锻炼”本身就是一把“双刃剑”，即锻炼在给身体健康带来好处的同时，也可能给身体带来一定的伤害，特别是运动过度或运动性损伤等负面效应。所以，在达到同等锻炼效果的前提下，锻炼效率越高，意味着对锻炼的投入越少，也就是锻炼可能引发的负面效应也越小。从表3-2中可以看出，10年间我对锻炼的投入平均每天6分钟，运动负荷量每天也只有700米左右，如此高的锻炼效率可以大大减少锻炼过程可能带来的负面效应，完全避免锻炼过程中的“累积性过量”，更有利于身体健康。

总之，只要遵照间隔锻炼（法）的原则、规律进行运动就可以不断提高锻炼效率，提高锻炼效率的本身也就是提高运动的合理性。

七、有助于减缓身体衰老速度

人进入到中年后，总体上随着年龄增长，体质处于逐渐衰退的老化状态，对此，人们并不奢望自己身体能一直保持年轻时的强壮，只希望这种衰退的速度能够通过一定的方法得到有效的延缓，即老得“慢”一些。

间隔锻炼可以使锻炼者在较长时期内大大延缓周期负荷量，即健康负荷量的下滑速度，从而有效降低锻炼者在身体老化过程中的体质衰退速度，保持其健康的稳定状态。

这里又不可避免地回到锻炼的“间隔”问题上。前面曾提到过美国科学家们的认识“肌肉一旦停止锻炼，其退化速度之快是惊人的。一个人3天不运动，其肌肉最大力量会丧失1/5。如果锻炼2~3天后肌肉不能再次‘取得’合乎需要

①吕新颖．运动生理学［M］．南京：南京大学出版社，2002：293-294.

的物理效果，锻炼就会前功尽弃。”这段话是值得商榷的。那么，锻炼者在进行每一次锻炼后，其锻炼的效果究竟是怎样维持的呢？《运动生理学》一书中曾有一段关于力量训练的附图解释值得参考，其具体阐述内容是：

“训练间隔的频度对力量消退的速度亦有不同影响。力量增长急速者，停止练习后消退也快；力量缓慢增长者，停止练习后保持时间较长。让练习者每天训练，20 周后力量增长 100%，然后停止练习，30 周后完全消退，恢复至原有水平；让练习者每周进行一次力量练习，共训练 45 周，虽然力量只增长 70%，但在完全停止练习后 70 周仍未完全消退。经抗阻力训练使肌肉力量获得增长之后，若每隔 6 周训练一次，可使力量消退速度大大延缓；若每 2 周保持一次训练，则已获得的肌力，可基本保持（图 3-4）。”①

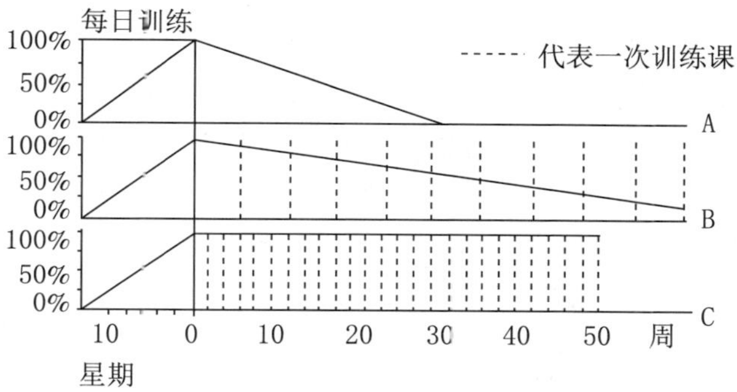

图 3-4　不同力量训练安排后力量素质消退的情况（据吕新颖②）

注：A. 以后不训练，第 30 周完全消退；B. 以后每 6 周训练一次，能保持较长时间；C. 以后每 2 周训练一次，基本保持原增长水平。

以上所述与我自己在几十年中长期使用间隔锻炼（法）锻炼的实际情况甚为相似：每隔约 2 周进行一次锻炼后所获得较稳定的健康负荷量，即“周期负荷量”，在很长一段时间内可基本保持不变。

其原因大致分析如下：按照间隔锻炼（法），在“间隔”期临近结束、周期

①吕新颖．运动生理学［M］．南京：南京大学出版社，2002：294.
②同①.

负荷量即将开始下降且尚未下降时，适时地开始新一周期的锻炼，就可以立即恢复并基本维持前一个锻炼周期中的周期负荷量。这就很像用多个撑杆撑住晾衣绳的情况一样：用撑杆撑起晾衣绳之时，如果前方缺少连续的撑杆支撑，那么晾衣绳就会逐步下垂，直至完全落地，当下垂到某一高度，也就是在“间隔”撑杆一定距离的地方，随即加补一个撑杆撑起，晾衣绳就会基本恢复原样。通过多个撑杆的连续作业，晾衣绳可在较长距离内基本保持稳定的水平状态（图3-5）。

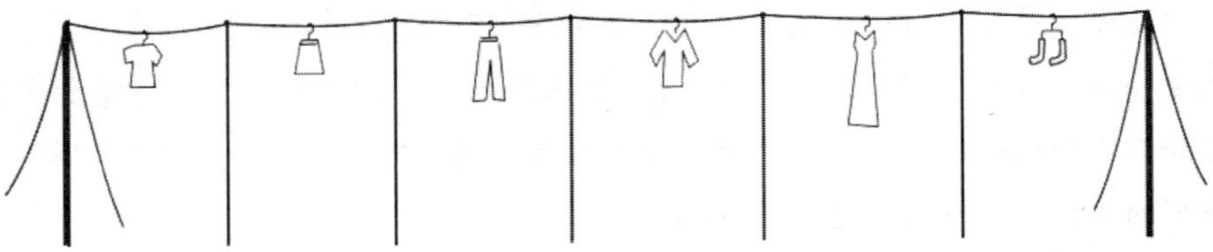

图3-5　多个撑杆撑起的晾衣绳

图3-6是根据我2015年（70岁）11月和12月实际锻炼的数据作出的“晾衣绳效应”图，从中可以看出，随着时间的流逝，周期负荷量的波动基本不大，较为稳定。

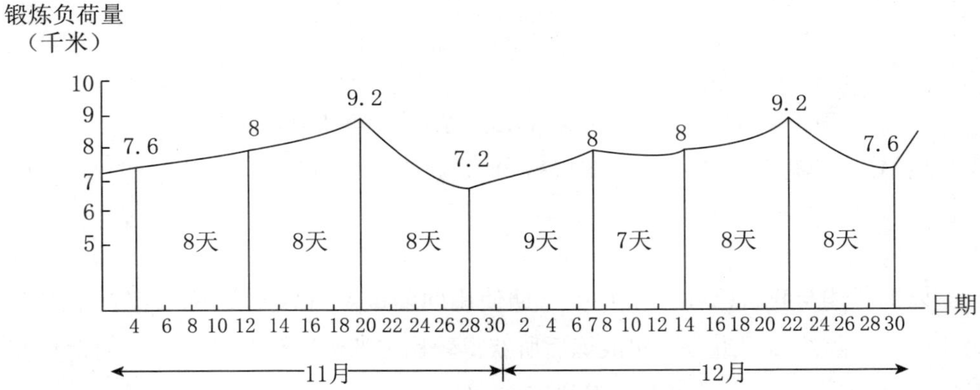

图3-6　2015年（70岁）11月和12月实际间隔锻炼的“晾衣绳效应”图

（数据来自原始记录：11月4日，7.6千米；11月12日，8千米；11月20日，9.2千米；11月28日，7.2千米；12月7日，8千米；12月14日，8千米；12月22日，9.2千米；12月30日，7.6千米）

因此，如果从图 3-4 来看，其中情况 C 不但具有“晾衣绳效应”的基本水平形态，而且对“每 2 周训练一次，基本保持原增长水平”的明确解释与我每间隔 7~14 天锻炼一次的实际情况也基本一致。

在间隔锻炼的“晾衣绳效应”中，周期负荷量的值之所以表现为较平稳，还有一个原因来自于超量恢复原理，即“超量恢复的程度和时间取决于消耗的程度，在一定范围内，肌肉活动量越大，消耗过程越剧烈，超量恢复就越明显。”①由于间隔锻炼（法）中锻炼运动程度对于锻炼者来说必须具有中等强度的负荷量，锻炼者可以从中得到中等程度的超量恢复［按照间隔锻炼（法）的完整含义，在每年还应进行 2~3 次大于 8 度的运动，这种更大强度负荷量还可以不时地带来更大程度的超量恢复］，恰恰就是这中等程度的超量恢复，以及不时产生更大程度的超量恢复，使其“晾衣绳”能在较长时期内维持在相对平稳的水准线上。正因为如此，我的体质与健康状况才能在以“10 年”为单位的时期内，长期处于无明显衰退的较稳定状态（见表 3-1），至今仍在享受“三无二精”式超健康锻炼的成果。

八、有助于及时了解自身健康状况（动态体检）

按照间隔锻炼（法）要求，锻炼者每次锻炼的周期负荷量都应该达到其自身极限负荷量的一定比例，即属于 3~8 度的运动。因此，采用间隔锻炼时，每次锻炼的运动负荷量还是比较大的，尤其是进入到中度或深度锻炼时，这样的运动负荷量必然会逐步激发身体各相关器官、系统功能的启动和运转，从而通过促进新陈代谢活动，较全面地清除锻炼者在一个周期中体内所产生及过去积存在器官深处的代谢物和毒素，相当于自动为身体进行一次较为彻底的“大扫除”活动。

当然，我们也都知道，一般情况下，一个人若要进行较大负荷量运动（如跑马拉松、游渡长江等），应该先进行必要的健康体检，只有相关器官、系统都正常、合格并得到有关医生的认同，才可以进行相应的运动。反过来也一样，一个

①吕新颖．运动生理学［M］．南京：南京大学出版社，2002：280.

人如果能够顺利地、周期性完成较大强度间隔锻炼的本身，在某种程度上也可以说明，其身体各相关部位、器官、系统处于正常工作的健康状态。如果其中真有一些器质性变化等不健康隐患，就可能较早通过锻炼的触发、放大而及时表露出来。因此，在锻炼中如若发现一些不适或异常之处，应该引起重视，停止锻炼，然后仔细查找、了解其中每一个细节，分析所有可能产生的原因，必要时去看医生进行相关咨询。

由此可以认为，在一般情况下，锻炼者每顺利完成一个周期负荷量的锻炼，都可视为相当于在此间隔时间内对自身身体做了一次成功又满意的动态性“健康体检”，而每一次满意的“健康体检”结果又反过来使锻炼者产生一种锻炼的自我成就感和满足感，继而不由自主地形成那种以往曾经得到过的、而此时又再次体验到的愉快感，从而在心理上得到一定的享受，极大地远离了某些“每天锻炼”者常常说的、似乎只为完成锻炼任务而产生的那种枯燥感。因此，在充分享受锻炼成果并不断期待下一个锻炼周期到来的自信中，长期保持良好的锻炼心态和超健康的身体状态——这是我 50 多年来间隔锻炼的真实写照。

九、间隔锻炼与每天锻炼的利弊对照

综上所述，在体育运动中主动使用间隔锻炼（法）进行锻炼，要比每天进行锻炼具有更现实的意义，具体对照情况可参见表 3–3。

表 3–3 间隔锻炼（法）与每天锻炼（法）的利弊对照

内容	间隔锻炼（法）	每天锻炼（法）
关于持之以“恒”	可持续锻炼 50 年之久	尚未见有超过持续 20 年的锻炼者
关于锻炼的直接目的	锻炼的直接目的是为了“不锻炼”	容易陷入“为了锻炼而锻炼”的误区
关于锻炼日的选定	可在较长间隔时期内选择一个“最佳锻炼日”进行锻炼	没有选择锻炼日的可能性
关于锻炼负荷量	有助于提高或保持“周期负荷量”	本身不具有“周期负荷量”

关于运动“过量”	容易掌控锻炼负荷量，不可能出现“过量”运动	较难控制负荷量，容易运动过量，特别容易产生累积性过量

续表

内容	间隔锻炼（法）	每天锻炼（法）
锻炼过程	间隔时间较长，故可认真进行每次锻炼细节的改进	每天必须锻炼一次，容易走过场
锻炼效率	锻炼效率较高	锻炼效率低下
中老年后身体衰老速度	可能以“10 年”为单位时间衰老	可能以“年”为单位时间衰老
平时自我感觉	每次成功锻炼都是一次“动态”健康体检，平时身体轻松，精力充沛	因每天锻炼负荷量较大而平时常有“累”感

第三节　间隔锻炼（法）在强身健体中的理论意义

间隔锻炼（法）内容中不仅有可以确定的具体主观锻炼方法，而且还蕴含着必须遵循的抽象客观锻炼规律，这种双重属性本身决定了间隔锻炼（法）的提出可能在强身健体运动中也具有一定的理论意义。

一、更好地理解“生命在于运动”的含义

如前所述，当下人们非常熟悉“生命在于运动”之表述，且常常视为“真理”，但因“运动”一词本身的含义不明而使其难以成为人们锻炼身体的具体行动指南。为此，间隔锻炼（法）的正式提出，首先，要求对“运动”概念进行科学的界定与划分，这样才能凸显“间隔锻炼（法）”中锻炼概念的内涵。由此得出结论，锻炼只是运动的一部分，在理论上，它与“训练”和“活动”共同周延了运动的概念。这种对锻炼和运动概念较为严格的界定，实际上也是在进一步诠释“生命在于运动”的具体含义，即生命在于运动中的“运动”，在不同的情况下有不同的意义，从轻微活动到出汗活动，从轻度锻炼到中度锻炼，再到深度锻炼，甚至运动员的专职训练，都应该根据运动者的实际情况进行具体分析

和具体应用，这样就比较容易全面地了解“生命在于运动”的科学内涵。

其次，间隔锻炼（法）中不锻炼部分，即“间隔”的概念，又隐喻着“生命在于静止”的重要性和必要性。从理论上看，静止与运动是不可分割的，对人体健康有着同等重要的意义。对此，很多运动者对于“生命同样在于静止”的观点也十分认可。

统观整个生命过程可知，其中“锻炼”时间所占的比例是很小的，即使加上2度“活动”在内，其总体运动时间与“非锻炼”时间相比也不会很大，因此，人的一生中大部分时间都处于体育上并不属于锻炼的相对“静止”状态。间隔锻炼（法）所具有的种种现实意义表明，虽然生命的质量（活得“好”）在于运动（“锻炼”），但生命的数量（活得“长”）则在于静止（“不锻炼”）。所以，一个人若要活得好，就要锻炼，健身和炼身，而若要活得长，就要静止和养生——由此，既要活得好，又要活得长，那就应该既要锻炼健身、炼身，又要静止、养生，两者均不可缺失。

此外，间隔锻炼（法）中所蕴含着的活得好与活得长的因素，对于同一个锻炼者来说，在其体内可形成一种密切相关、彼此依存的共生关系，锻炼者应该随时关注自己运动中的锻炼与间隔的变化动态，关注在不同情况下锻炼时间与间隔时间的动态矛盾，以及矛盾主要方面的转化，并利用间隔锻炼规律及时进行动态调整。所以，间隔锻炼（法）实施过程的本身，其实也折射出“锻炼”与“间隔”在一定条件下互为转化的平衡关系，较全面地体现了其中的动与静，以及生命的质量与数量之间的辩证关系。这或许也可看作是在理性层面上补充、完善和诠释“生命在于运动”的理念。

二、预示着“每天锻炼”的发展趋向

间隔锻炼（法）中的关键词有两个，即锻炼和间隔，其中“锻炼”一词是“间隔锻炼”与“每天锻炼”两者所共有的。间隔锻炼与每天锻炼的差别主要在于“间隔”上，在于间隔时间的长短。所以，从广义上说，“每天锻炼”也可泛称不太严密的“间隔锻炼”，这是因为在“每天锻炼”中也存在着不锻炼的间隔时间：如果锻炼者每天锻炼的时间为1小时，那么间隔时间就是23小时，即接近 1 天。然而，使用“间隔锻炼”的锻炼者，其实际中的间隔时间却不太固定，因人而异，或因运动项目的不同而有所不同，所以，间隔锻炼的间隔时间可以是 2 天、3 天、4 天……N 天，比如，我长跑锻炼的间隔时间就是 7～14 天，平均为 11 天（见表 3-1）。因此，从理论上说，“每天锻炼”中近于 1 天（23 小时）的时间间隔对于“间隔锻炼”中的 N 天时间间隔而言，只是一个特例而已，于是，它们之间的关系也就形成了所谓“特殊性”与“普遍性”之间的关系，即可以把“每天锻炼”看作是一种较为极端的、特殊的间隔锻炼。

科学研究表明，人们在认识、研究某类事物时，最初大多都是从认识事物的特殊性（个性）开始，即哲学上所谓的“解剖麻雀”，在取得一定成果并达到一定高度后，才会有意无意地向着认识“一般”的“普遍性”方向发展。对此，陈衡在其《科学研究的方法论》一书中曾这样写道：“假如能够证明原有的旧理论是新理论（假说）的一种特殊的极限情况，此时，即使我们不能提出另外的观察来证实新的理论，即使它对现象的解释和原有的旧理论的解释在优越性上不相上下，因而可以在两种理论中随便选择一种的话，那么，我们还是应该选择新的具有更大普遍性的理论。”① 据此，由于“每天锻炼”是“间隔锻炼”的一种极端的特殊情况，而且，后者在实际中又显示出比前者具有更多的优越性，所以，从理论上说，间隔锻炼（法）的本身已经预示了“每天锻炼”的一个发展趋向，从强身健体的角度来看，它很可能会成为更多人今后锻炼身体的一个全新选择。因此，对于一般人来讲，并不存在要不要进行间隔锻炼的问题，而是怎样进行间隔锻炼的问题。

其实，前面所提到的一些体育界业内人士的若干研究结果客观上已经显示出其发展趋向的苗头。例如，有些专家已经不再坚持“每天锻炼”的理念，而是有意无意地提出“隔天锻炼一次”“隔两天锻炼一次”，甚至用图例说明了“间隔两周训练一次”的运动方案（见图 3-4）。

总之，在我所接触到的运动者中，竟然没有发现一位能真正做到持续 20 年锻炼的“每天锻炼”者，也就是说，他们所进行的锻炼或许都可归结为广义的间隔锻炼，或者叫不规范的间隔锻炼，这样就导致他们的锻炼大多是无计划的、

①陈衡．科学研究的方法论［M］．北京：科学出版社，1984：137.

随意性的，如果他们能主动地重视并利用这个锻炼的发展趋向，有意识参照间隔锻炼（法）规律，就完全可能做到有目的、有计划、循序渐进地寻找出符合各自强身健体实际情况的间隔锻炼方法。

三、促成“体医融合”超健康理念的诞生

在长期的锻炼过程中，我头脑里一直萦绕着这样一个问题，即用什么词语准确地表达使用间隔锻炼（法）所获得的“三无二精”式的健康效果。正巧，我2013年参加年度体检时，其中增加了一个项目，是使用超高倍显微分析血液检测（血超）法进行检查。当时，检查医师对着显示屏上我的血液图像疑惑地问道，“您今年多大年纪?”我答道：“68岁”，“真有点不可思议，当前的图像与刚才那几位30多岁正常人的图像看起来没什么大的差别，您是每天运动吗?”“不，我每7~10天才锻炼一次。”经过简单的“对话”，我一本正经地对医生讲，今天的检查结果完全符合我当前正在研究的关于“更健康”的问题，即如何表述在同样的环境下，医学上的生理指标达到更年轻人群健康标准的健康，当然这种健康也就比同年龄段人显得更为健康了。其实，这一思考已经从“三无二精”式健康进入到“超健康”理念范围之中了，只是还没有使用“超健康”的词语予以表达。

很快，出于专业的灵感，我随即联想到自己古生物专业中的古生物分类，其分类方法基本上沿用现代生物“界、门、纲、目、科、属、种”的不同等级阶元分类方法，这中间就有不少“亚科”与“超科”、“亚目”与“超目”的“超”与“亚”的上、下次一级分类阶元相对应出现的情况，即比“科”和“目”低半级的分类阶元叫作“亚科”和“亚目”，比其高半级的分类阶元则称为“超科”和“超目”。于是，利用科学中的移植法原理，我很快就想到，人们既然已经把比健康差一些的健康叫作“亚健康”状态，那么，比健康“好一些”的健康就自然可称为“超健康”状态了——由此，在理论上自然引出了“超健康”的概念。

另外，从思维科学的角度来看，“超健康”灵感闪现的真正思想根基也起源于间隔锻炼（法）。如前所述，由于种种主客观方面原因的限制，“每天锻炼”

者每天都运动的负荷量不可能很大，一般达不到锻炼等级的 3 级以上运动程度，大多只能限制在 1 级、2 级运动的“活动”范围之内，因此它并不存在较大且稳定的“周期负荷量”（健康负荷量）。于是，这些较小的、只属于“活动”范围内的负荷量虽然有时也可以使人的身体达到并保持原有的健康状态，但很难使其超过正常健康状态而进入到更高层次的超健康状态，也就是说，健康状态可以看作是与“活动”运动的结果相对应的（不少人“生命在于运动”的理念正是建立在此认识上），但若要达到更加健康的超健康状态，属于“锻炼”范畴的“周期负荷量”是不可缺少的内在因素，所以，“锻炼”的结果才是与“超健康”相对应的。正是这一点，间隔锻炼（法）在理论上引发了人们对超健康概念的新认识。

现在看来，与亚健康相对应的超健康概念的提出，在逻辑上完善了健康概念的整体性和周延性，这在学术上或许为真正“体医融合”、独立的健康学新学科的出现起到了拓宽思路的作用，甚至为其奠定了发展基础。

第四章　健康、超健康与疾病预防

健康是人生第一财富。

——爱默森

科学的基础是健康的身体。

——居里夫人

体育是关系六亿人民健康的大事。

——毛泽东

没有全民健康，就没有全面小康。要把人民健康放在优先发展的战略地位……

——习近平

忽略健康的人，就是等于在与自己的生命开玩笑。

——陶行知

随着人类社会的高速发展和国民生活水平的日益提高，人们对于健康的关注度越来越大，健康在人们生活中的重要性也日渐上升。有人说，健康是金银，有人说健康是福分、是财富，更有人形象地把健康比作数学上的数字“1”，把家庭、财富、权贵、地位等所有日常看来极为宝贵而重要的因素都比做“1”后面的“0”，只有健康的“1”存在，其后的因素才有价值，才能显示出真实意义，失去了健康的“1”，后面的所有因素将统统转化为“0”而毫无意义。正如当下流行的一副对联：上联是爱妻爱子爱家庭不爱身体等于零，下联是有钱有权有成功没有健康一场空，横批是健康无价。

总之，健康是万源之本，对于一个个人来说，失去了健康就等于失去了一切。所以，在现实生活中，无论人们怎样强调健康都不为过。

然而，日常生活中尽管没有人会怀疑“健康第一”的重要性，但是相比之下，仍有相当多的人对于健康本质的认识，对于健康表现形式的认识较为肤浅，对于通过体育运动而获取健康身体的认知，尤其是主动获取健康的行为关注不够，很少能看出其是将健康真正放在“第一”的重要位置上，他（她）们在健康方面很多奇怪想法和做法在理论上都令人费解，不但在观念上存有一定的模糊，而且还形成了认识上的若干误区，这就在相当程度上削弱了他（她）们主动驾驭自身健康的能力。因此，对于健康概念内涵进行更深层次的探究就显得很有必要了。

第一节　健康与健康度

一、健康的含义与传统的“三健康”观

1. 健康的含义

什么叫健康？对于这个十分重要且看似非常熟悉、经常使用并在人们茶余饭后议论的词汇，其真实含义却不一定为人人所都能理解。对此，虽然有一些权威机构和资深专家给出过各种各样的解释，而且也不时地引用“世界卫生组织”在不同时期公布的不同内容，但如果从严格意义上看，还确实很难完整揭示其中的科学内涵。

为此，我们先来看看有关的论述：

“1948 年《世界卫生组织宪章》中对健康所作的定义为：‘健康不仅是免于疾病和衰弱，而且是保持体格方面、精神方面和社会方面的完美状态’。1990 年《世界卫生组织宪章》是这样阐述健康的：‘躯体健康、心理健康、社会适应良

好和道德健康才算是完全的健康'。"① "《现代汉语词典》(1996年7月修订第3版)说:'健康是人体生理机能正常,没有缺陷和疾病。'"②

2016年,《现代汉语词典》在"第7版"中的解释进一步深化为:"❶(人体)发育良好,机理正常,有健全的心理和社会适应能力;❷(事物)情况正常,没有缺陷。"③

近年来,国内很多学术专著和科普书刊,甚至在中学生教材中,常采用世界卫生组织(WHO)提出的10个方面标准作为流行的健康标志,例如:

"①有足够充沛的精力,能从容不迫地应付日常生活和工作压力而不感到过分的紧张;

②处世乐观,态度积极,乐于承担责任,事无巨细不挑剔;

③善于休息,睡眠良好;

④应变能力强,能适应环境的各种变化;

⑤能够抵抗一般性感冒和传染病;

⑥体重适当,身体匀称,站立时,头、肩、臂位置协调;

⑦眼睛明亮、反应敏锐、眼睑不易发炎;

⑧牙齿清洁、无空洞、无痛感,齿龈颜色正常,无出血现象;

⑨头发有光泽,无头屑;

⑩肌肉、皮肤富有弹性,走路轻松自如。"④

对此,本书也同意很多研究者的共同看法,在上述10条标准中,只有后6条属于生理健康,或者躯体健康的内容。⑤ "前言"部分中已明确指出,这里也必须再次强调除了有专门说明外,本书中所说的"健康",指的就是躯体健康,或者生理健康,而不包括心理健康、道德健康及社交健康等其他不同类型的健

---

①陈智勇.新编大学体育教程(第2版)[M].北京:北京航空航天大学出版社,2014:6.

②李洪滋.运动与健康[M].北京:化学工业出版社,2004:4.

③中国社会科学院语言研究所词典编辑室.现代汉语词典(第7版)[M].北京:商务印书馆,2016:642.

④李洪滋.运动与健康[M].北京:化学工业出版社,2004:5.

⑤陆孝光.大学体育理论与实践教程[M].北京:国防工业出版社,2013:4.

康。由此，上述的健康10条标准中也只有后6条才属于本书涉及的范围。

然而，遗憾的是，从上述躯体健康的6条标准来看，这些标准或许很难成为世界人们对健康的期望目标和行动指南。其主要原因大概有：

①标准中所提及的人体器官和系统似乎较为片面。比如，只列出了眼睛、牙齿、肌肉、皮肤甚至头发，为何诸如鼻、耳以及五脏六腑，特别是大脑、血管等器官却只字不提？难道它们对于躯体健康而言“无关紧要”，它们在健康中的重要性还不及有无光泽的头发？这些当然会引起人们的疑问：只罗列部分器官系统的功能状况来定义和解释整个人体的健康，这究竟具有多大的说服力是值得进一步推敲的。

② 既然作为世界人们所共同遵守的健康标准，那就应该明确界定其判断尺度，比如，究竟达到什么标准才算“眼睛明亮”“牙齿清洁”，达到什么程度才算“头发有光泽”“肌肉富有弹性”？所有这些都应该有明确、清晰并可供操作使用的具体尺度，否则，这6条标准就只能让人无所适从，难以判断，无法使用。这是因为，即使对于同一种健康状况，不同人按如此空洞的“标准”来判断操作，也可能会得出不同，甚至完全相反的结论，比如，同一个健康人的眼睛可以被甲判断为“明亮”，而被乙判断为“不太明亮”等。可见，在现实操作使用时，人们对于这些标准的确很难准确把握。

③标准中并没有显示出各条标志在总体健康中所占的权重，这就可能失去了对一个人整体健康状况做出全面认识和重点判断的可能。比如，我的头发进入中年期就开始局部发白，后来逐渐脱落，现在颇为稀疏；眼睛在22岁冬泳时因方法欠妥，很快发生近视；牙齿则可能是遗传原因而差于一般的同龄人。但是，我的身体却至今保持着很多人都十分羡慕的“三无二精”式超健康状态，在各种不利、甚至恶劣环境条件下没有请过一次病假，健康工作了50多年（这是因为近视可以配镜矫正，牙齿可以装镶补齐，稀疏的头发除了影响一些美观外，并不妨碍我正常愉快地生活、工作和学习）。相反，我也看到过很多病号，他们头发乌黑或牙齿齐全却长期不能正常上班、不能正常工作，甚至还有那些一头黑发未老先衰的人，他们的身体能叫健康吗？

由此可见，上述那些被人们广为宣传，本当作为世界人们共同遵守、共同操作的10条标准，因存在某些欠妥之处而在一定程度上降低了其实用意义，结果就使得这10条标准在现实中要么出现在某些专门健康著作中，一笔带过，成为其作者的一种带有尊重性的摆设（因为著作中几乎看不到其作者是如何对此10条标准进行专门解释、推广和应用的介绍），要么出现在某些医院及有关健康部门的宣传栏中，作为一种象征性的装饰而已。所以，虽然世界卫生组织对于健康的含义做了解释和阐述，但在现实生活中人们却难以操作，不得不弃之不用。近来，我发现一些三甲医院已经在不断清除这些象征性装饰了。

出于尊重研究者对健康概念的研究，同时也便于一般人对身体健康的认识和理解，在此，本书暂时同意并沿用《新编大学体育教程》一书中提到的关于“生理健康”的含义，即“生理健康是指人体的结构完整和生理功能的正常。”① 也就是说，健康是指人体所有器官系统功能的医学指标都处于正常范围之内。

应该说明的是，这里只是暂时同意并沿用健康的含义，若从学术意义上来考查，“身体健康”与“身体正常”应该是从两个不同角度对身体进行认识后而产生的不同概念，因此这两个概念的外延不可能完全相同，也不可能是真正的同义词。也就是说，健康者不一定都正常（如老年人的心脏若显示出年轻人的心脏机能，对于老年人来说“不正常”，但却是健康的），正常者也不一定都健康（如老年人行动迟缓、记忆力减退等属正常现象，但却不一定健康）；反之也是一样的。总之，这些颇为复杂的内在联系应该属于专门的健康学学科所研究的问题。当然，从现实情况来看，大多数健康者都属于正常者，而且大多数正常者也可归属于健康者，这或许是一般人，甚至包括一些业内专家在内也乐意用“正常”来解释健康、表示健康，乃至完全替代健康一词的重要原因吧。从整体上来看，一般认为健康似乎更具有适应正常环境的能力。

所以，在对健康尚未进入到深层次的学术研究之前，本书并不反对，并也暂时保留采用上述对于健康含义的一般性解释，就是将生理健康理解为身体无病、无残、无伤，各器官系统的医学指标也正常。至于对“健康”的科学定义进行更为完整的表述，或许就要由待诞生的“健康学”学科来完成了。

2. 传统的“三健康”观

人类对于自身健康状况的认识，大概可以追溯到两千多年前古罗马时代。按

①陈智勇．新编大学体育教程（第2版）［M］．北京：北京航空航天大学出版社，2014：6.

照《体育健身原理与方法》一书中所述："古罗马大医学家格林曾把人的健康状况分成三种状态，他认为'健康'为第一状态，'疾病'为第二状态。有一些人既无疾病，又非健康，他将其称为'第三状态'，表现为头晕、头痛、疲倦、无力、神经衰弱、食欲不佳、睡眠不良等。这就是现代人所称的'亚健康'状态。"①

由此可见，这三种健康状态的"三健康"观千百年来一直为人们所广泛接受并使用，直到当下，人们仍然停留在"三健康"观的认识水准上。至此，我们除了对古人的超常智慧及对健康状况有如此深刻的认识而充满无限的敬意外，同时也会困惑：究竟什么原因致使当代人对健康的认识观，竟与两千多年前的认识观基本相同呢？众所周知，千百年来，人们对客观世界及对人类自身的认识发生了翻天覆地的变化，别说两千多年前，即使要寻找两百多年前的人与当下人基本相同的认识观，大概也不是件容易的事，况且，"健康"问题还不像诸如天文科学之类那样，历来只有极少数人关注和研究。健康是直接涉及每个人的人身，是每个人都关注、都可能进行思考、进行研究的极为重要而又普遍存在的问题。

在这种情况下，由"间隔锻炼（法）"引申出来并正式提出的"超健康"概念②或许是对传统"三健康"观认识的一个补充与完善，由此也自然形成了由不健康、亚健康、健康和超健康所组成的"四健康"观。

为了更准确地理解"四健康"观中健康与超健康的关系，还需要引入"健康度"的概念。

二、健康度与健康等级

现实中，人们常会见到这样的情形：甲、乙两人同处于条件十分舒适且没有任何不良因素干扰的环境时，身体都呈现出无任何疾病的正常健康状态，即身体各器官系统的医学指标都正常。然而，如果两人共同来到一个不良的环境中，比如，在北风呼啸、雨雪纷飞、寒冷低温的户外连续工作两天，甲可能会出现明显的发烧、感冒症状，甚至由此引发出多种疾病；而乙因为经常进行体育锻炼，故

①唐宏贵．体育健身原理与方法［M］．武汉：湖北长江出版集团，湖北人民出版社，2000：2.

②庄寿强．间隔锻炼健身法及其超健康状态初探［J］．运动，2016（137）：153-156.

而具有较强的体质，仍然可以保持“正常”的健康状态。由此可以认为，甲、乙两人虽然平时身体都很正常，都处于“三健康”观中的健康状态，但两人在健康的程度方面明显存在着较大的差距，如果甲的身体叫作“健康”的话，那么，乙的身体因为比甲更好而可能称为“超健康”，超健康与健康之间的健康程度是不相同的，由此便顺理成章地引出了一个能反映不同健康程度，或者叫不同健康水平的概念——健康度。

健康度是指一个人的身体能健康地适应各种不良环境的程度。

其实，在很多学科领域中，如果遇到需要反映一个研究对象某一特征的程度时，研究者往往都会将其对象特征划分为不同等级，或者用“度”来表示。例如，反映矿物抵抗外力作用的程度叫硬度，共分为 10 个等级；反映建筑物抵抗地震波破坏的程度叫地震烈度，共分为 12 级；就连反映运动员的运动水平（5 个运动“等级”），医学中的烧伤程度（9 个“度”），甚至人体在不同天气中主观感觉的不同程度，即“舒适度”（从-4 级到 4 级共 8 级）等，也都有各自的等级划分标准。本书第二章中根据人一次运动负荷量大小变化程度，将“运动”划分为 10 个“度”，由此可以发现，具有一定“度”的运动与具有一定健康程度的“超健康”之间居然还呈现出大致对应的正相关关系。所以，无论从实际需要，还是从学术研究的角度来看，对健康的概念进行不同程度的等级划分也是十分必要的。

参照许多学科中对“度”划分的一般原则，并尊重当下“三健康”观的认识现状，根据“间隔锻炼（法）”中隐含的周期负荷量（健康负荷量）与适应不良环境之间的正相关关系，在此将人身体的相对健康状况初步划分为超健康、健康、亚健康和不健康 4 种健康状态，共计 8 个等级（表 4-1）。

在表 4-1 中，超健康、健康和亚健康状态的共同前提是指一个人的各项生理功能指标基本符合医学上正常标准的“无疾病”者。在通常情况下，人们完全可以通过现有的医学手段，采用现有的医学指标判断其身体状况是健康还是不健康，甚至不健康的程度，然而，人们却很难通过医学手段和医学指标来区别、判定一个人健康的程度，即健康的等级。一个人的健康程度，即健康等级的大小，主要是由其适应不同环境的能力，或者说是对各种不同疾病的抵抗能力来决定的。

表 4–1　身体健康状况、相对健康等级及其相应运动等级的关系

身体健康状况		相对健康等级	运动等级（相对运动等级）	周期负荷量与其极限负荷量之比	自我感觉能正常适应的环境
健康状态	超健康状态	4 级健康	深度锻炼（7~8 度运动）	61%~80%	严重不良环境
		3 级健康	中度锻炼（5~6 度运动）	41%~60%	中度不良环境
		2 级健康	轻度锻炼（3~4 度运动）	21%~40%	轻度不良环境
	健康状态	1 级健康（温室式健康）	出汗活动（2 度运动）	11%~20%	良好温室环境
	亚健康状态	0 级健康（准健康）	轻微活动（1 度运动）	≤10%	良好温室环境
	不健康状态	−1 级健康（轻度疾病）	轻微活动（1 度运动）	≤10%	良好温室环境或医院住院环境
		−2 级健康（中度疾病）	—	—	
		−3 级健康（重度疾病）	—	—	

注：周期负荷量与其极限负荷量之比大于 80% 者，即大于 8 度的运动，则属于专门“训练”的大负荷量运动范畴，它既可能形成超健康的 5 级健康等级（如对于飞行员、航天员的“训练”结果），又可能因物极必反而导致在另一个层次上的“不健康”状态（如有些运动员在大负荷量训练后反而进入到不健康的病态），但这两种极端情况均不属于一般民众强身健体的运动健康范畴，故表中暂未列出，其结果有待今后在健康学学科中加以补充。

众所周知，一个人对疾病抵抗能力的大小与其体质强弱密切相关，而体质强弱又与其锻炼（运动）负荷量（含运动强度与运动耐力）有关，确切地说，是与间隔锻炼中周期负荷量的大小有关（所以周期负荷量又称健康负荷量）。在“间隔锻炼（法）”中，周期负荷量随锻炼效果的变化而变动，锻炼者的周期负荷量在其极限负荷量范围内，大体上可与其抵抗不良环境的能力呈“正相关”关系，这些在表 4–1 中均有所体现。

表 4–1 中的健康等级是相对健康等级，“相对”的含义是指那些不良环境的“不良程度”主要是锻炼者根据自身的感觉确定的。所以，相对健康等级的划分

与应用有助于锻炼者从某一角度提高对自身健康程度的认识水准，从而能正确地把握自身的健康状况，较准确地发现与更高等级健康标准之间的差距，制订提高自身健康等级的具体措施，帮助其健康水平的提升。

另外，由于不同锻炼者之间的极限负荷量不一样，他们对同样一个不良环境“不良程度”的感知及实际产生的反馈效果也有所不同。所以，不仅要根据运动者自身感受，更要参照一般人共同感知的结果，即根据“公认的”不良程度来确定的健康等级，这样的等级称为绝对健康等级，本书建议将绝对健康划分为10个不同的等级。有关绝对健康等级之类的系列性概念，以及与其运动度之间的逻辑关联，可归入专门健康学学科研究的范围，在此从略。

第二节 超健康与对疾病的积极性预防

中医自古以来对疾病就有“未病先防、预防为主、预防为上”的思想，而且对行医也做出了不同层次的划分，指出“上医治未病，中医治欲病，下医治已病”，其中“治未病”的实质是指对生病之前的预防。

2016年召开的“全国卫生与健康大会”再次强调把人民健康放在优先发展的战略地位，而超健康概念的提出与实施，恰好可以成为配合落实这一健康战略方针的一项有力措施。

一、超健康的含义及“四健康”观

从间隔锻炼（法）的含义可知，间隔锻炼（法）与超健康两者之间在逻辑上隐含着某种程度的因果关系。所以，间隔锻炼（法）诞生之初就已经埋下了“超健康”的种子。

然而，如果从另一个方面、另一个角度进行探究，超健康的新认知其实可以来自更为简单的逻辑，那就是：既然古人早已认识到比“健康”状态差一些的“第三健康状态”，也就是后来人们所说的亚健康状态，那么，从概念的周延性上分析，理所当然就还应该存在一种比“健康”状态更好的健康状态，这就是本书前面所提到的“超健康状态”。现实中虽然处于亚健康状态的人为数不少，然而我们确实也看到更多人处于健康状态和超健康状态之中。奇怪的是，这看上去顺理成章且理解起来并不十分困难的逻辑在现实中却一直未被人们所认识，这一似乎不合常理的现象是否更应该引起学术界的研究与反思呢？

如前所述，一般人所认识的身体健康，其含义是指人的身体结构完整，人体的各项医学指标都正常。这样的表述虽然容易被人理解和接受，但是在容易理解的背后也同样容易被人忽视，或者说让人在如此简单明了的表述中容易忘掉，而且实际上已经忘掉了其健康状态存在的前提条件，也就是说，人们无形中已默认，这种"正常""健康"仅仅是在一种普遍良好环境条件下的"正常""健康"，或者是在十分舒适、理想环境下的"正常""健康"。由此，这样的"正常""健康"可称为在温室环境条件下显现出来的"正常""健康"（见表4-1）。然而，如果环境条件有所变化，变得不像"温室"那样舒适，而是变得很坏，甚至恶劣，一个人仍然能保持"正常"和"健康"状态，那么，这样的健康就不再是一般含义下的健康，它超过了一般理解的健康程度，故称为"超健康"。所以，超健康是在一般健康基础上更高等级的健康，其具体表述如下：

超健康是指人体在不良、不利、不正常甚至恶劣环境条件下仍然表现出来的健康，是能够适应各种不良环境的健康。

超健康概念的提出是对当下沿用千百年来传统"三健康状态"健康观的补充与完善，从而形成逻辑上周延的"四健康状态"的健康观（图4-1）。

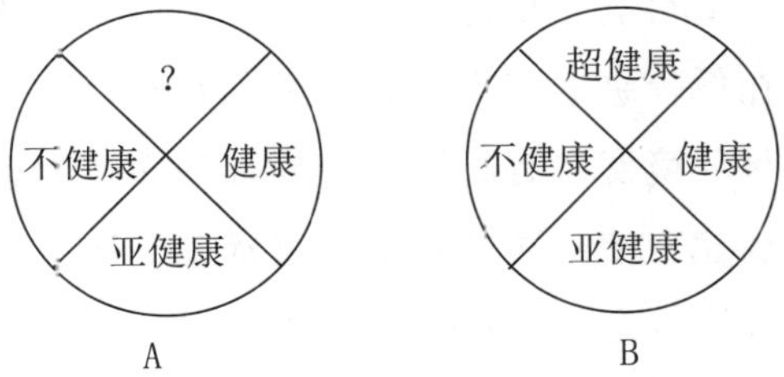

图4-1 传统"三健康状态"与本书"四健康状态"对比

注：A为"三健康状态"图。无论从逻辑上的周延性看，还是从"一分为二"的辩证观点看，图上方总显得有所缺失而不正常，故打上"？"以示之；B为"四健康状态"图。此图既完善了"一分为二"的辩证观点，又周延了逻辑上的健康概念。

这种外延更完整、内涵更深刻的“四健康”观认识，不仅与习近平总书记在“全国卫生与健康大会”上提出的“大健康”观念，以及其后中央印发《“健康中国2030”规划纲要》的“大健康”概念有所契合，而且在对疾病预防和控制的进一步认识方面也似乎具有特殊重要的意义。

二、超健康状态是对疾病的积极性、进攻性预防

2016年8月召开的“全国卫生与健康大会”上习近平总书记强调，对于危害人民健康的各种疾病因素应该坚定不移贯彻预防为主方针，把人民健康放在优先发展的战略地位，并将其重要性提升到“没有全民健康，就没有全面小康”的高度。当然，“预防为主”及“没有全民健康，就没有全面小康”的思想也是全体国民的共识和愿望。

从宏观上来看，对疾病的预防大体可以分为消极的被动性预防和积极的主动性预防两大类。

当下，很多人所认识、所理解、所传播以及在实际行动中所表现出来对疾病的各种预防措施，诸如雾霾较大时外出戴上口罩，在室内装上空气净化器，天气降温及时增添衣物，多喝开水多休息，勤换衣服勤洗手，以及向人们传授各种千变万化的养生法宝、祖传秘方，乃至为了预防疾病而注射各种疫苗或抗生素等，所有这些手段措施虽然十分正确且完全必要，在一定程度上也卓有成效，但是从整体上看，这些做法或许仍停留在消极的、被动性的预防层面上。尽管它可以使人达到少生病或不生病的目的，也可以使人经常保持着健康状态，但是该健康状态很多也只是滞留在低等级的“温室式”一级健康状态，这种健康状态很难应对环境的变化，一旦环境变得有所不适，或者条件转为恶劣则很容易遭受病魔的侵扰，引发多种病症，使身体进入不健康状态。所以，消极的、被动性的预防而形成的低等级健康状态对于疾病的侵扰来说，或许只具有较低等级的抵抗能力。

因此，若要更完整、更有效地贯彻“预防为主”的战略方针，从根本上提高全民对疾病的抵抗能力，仅靠上述那些被动性的预防措施可能有些欠缺。全面贯彻“预防为主”的方针应该进一步强调充分发挥体育运动的强身健体功能，

通过体育锻炼渠道使人的身体能积蓄更多、更高等级的健康资源，从而达到超健康状态。正如前面所说，人体预防疾病的能力是与其抵抗疾病的能力相适应的，身体抵抗疾病能力的大小又与体质的强弱密切相关，体质强者抵抗能力强，体质弱者则抵抗能力差，而一个人体质的强弱与其体育锻炼的深度和所能达到运动负荷量的大小有关，在相当程度上锻炼的周期负荷量与极限负荷量的大小和比值（运动度）又体现了锻炼者的相对健康等级。也就是说，在其他因素基本不变的前提下，锻炼者相对健康等级越高对疾病的抵抗能力就越强。所以，获取高等级超健康状态的本身就是对疾病更有效的预防，也是对健康更有效的贮蓄。

很多事实表明，超健康体质和强壮身体大多来自于刻苦的体育锻炼，或者相当于锻炼强度的其他运动，如体力劳动等。按照“锻炼”的含义（即属于3度到8度的运动），那些达不到一定负荷量、属于1度或2度运动的“活动”，是不能称作锻炼的。因此，锻炼必须要有一定强度的运动负荷量。

“猪圈岂生千里马，花盆难养万年松”，在不良条件、不利环境下进行锻炼，才能称为“野蛮其体魄”式有效的锻炼。舒适惬意的温室环境，祖传至今的养生诀窍固然对一个人的健康十分重要，特别是中老年人，但是仅仅依靠这些很难使身体进入超健康状态，很难达到徐特立先生所说的“能吃大苦耐大劳”，也很难达到经得起大风大浪考验的超健康等级水平。超健康的强健体魄主要来自于科学而刻苦的锻炼，不完全来自于舒适愉快的养生，而“间隔锻炼（法）”则是通往超健康的其中一条可行、重要的道路。由此，即使在当下国家鼓励全民养身的良好氛围下，提出的口号大概也只能是“锻炼身体，保卫祖国”，而不太可能更改为“养好身体，保卫祖国”。

毛泽东同志1952年“发展体育运动，增强人民体质”的题词，其实质也是想通过发展科学的体育运动，以达到增强人民体质，对各种疾病进行积极预防的目的。

总之，通过体育锻炼而使身体进入超健康状态本身就是对各种疾病更积极、更主动、更有效的进攻性预防，这与“最好的防御就是进攻”的军事原则似有异曲同工之妙——我自己50多年来一直保持从未有过一次病假的“三无二精”式超健康就是一个例证。

三、超健康状态是人们对身体健康的真正期望

表面看来，人人都希望自己身体健康，因为健康状态下的人没有疾病缠身的痛苦，当今社会，“无病一身轻、无病就是福”的观念已经被广大民众所接受，之所以形成这样的观念，还有一个原因在于当下人们尚不知道健康是可以进一步划分的，他们还不知道存在若干个比一般健康更高级别的“超健康”等级。特别是一些中青年人，他们平常的工作和生活环境舒适、正常，按照人的生物学个体发育规律，处于年轻时代的身体一般都因天生具有的青春活力和充沛精力而表现出“健康状态”。这种健康状态通过先天遗传，即人体本能，或者通过较低负荷量的“活动”可获得，一般不需要进行专门体育锻炼，这就使得许多中青年人在无意中得到一定的满足，在认识上看不清锻炼对健康的作用，甚至盲目得意于这种“天赋”的健康：我从来不参加体育锻炼，身体不是很健康吗？但是他们并不知道，如果青年时代不进行必要的锻炼，那么这种“天赋”健康的程度就会随着年龄的增加而减弱，甚至丧失。要想获得更高等级的超健康必须进行体育锻炼。此外，再加上现实中的工作、学习压力较大，要挤出时间来锻炼身体确有一定困难，于是，他们就有意无意中产生了一定的误识，认为既然自己身体已经健康，那么就没有必要再去刻苦锻炼了，从而大量减少甚至完全放弃专门的体育锻炼，时间一长就会因缺少锻炼而失去原有的健康。

很多人至今尚不知道，只有超健康状态才会给其身体带来高水平的生活质量，才能极大提高学习、工作的效率和身体抵抗力，从而在提升其进攻性预防疾病能力的同时，充分享受由此带来的身体上的舒适和心理上的愉悦。所以，完全有理由相信，人们一旦知道处于超健康状态的所有优越性和愉快感，一旦知道自己完全具有获得超健康的可能，那么他一定不会仅仅满足于来自“天赋”的健康状态，也不会仅仅满足于低等级的健康水平，而会去追求更为美好的健康状态——超健康，这才是人们对自己身体的真正期望。

最后要说到一点，超健康是在健康基础上的提升，没有健康的基础，就谈不上什么超健康，要达到超健康等级标准，就需要先达到健康标准。所以，当人们处于健康状态时，一方面，应该考虑如何通过体育锻炼而使自己进入到超健康状

态，另一方面，就像再好的机器也需要保养一样，再好的超健康状态也不能丢掉现有的医疗卫生及养生活动中的许多正确理念和良好习惯。

总之，在对健康这个问题的认识上，人们总是希望自己的身体能够越健康越好，这里的所谓“越健康”，还有人们平常所说的身体“更健康”，其实都是在不断提升健康等级和健康水平的“超健康”。若要实现超健康的愿望，我们就不能不了解通往超健康的运动之路，也不能不关注世界卫生组织提出的“健康促进”工作。

第五章　超健康运动之路

偏见比无知离真理更远。

——列宁

要走出游泳池！在江河游泳，有逆流，可以锻炼意志和勇敢。

——毛泽东

体育是提高人民健康水平的重要途径……

——习近平

加强体医融合和非医疗健康干预。

——《“健康中国2030”规划纲要》

第一节　对世界卫生组织“健康促进”的新认识

一、对世界卫生组织“健康促进”认识的补充

健康促进（Health promotion）是20世纪末世界卫生组织提出的概念。

《新编大学体育教程（第2版）》对此介绍得较为详细：“按世界卫生组织的观点，健康促进是‘促进人民提高和控制自己健康的过程’，它肩负着‘协调

人类与他们所处环境之间的战略，规定个人与社会各自对健康所负的责任’的使命。这表明‘健康促进’更强调改变个人的行为，且注重它与环境保护、社会支持、群体合作之间相互协调所起的社会作用，代表了预防和防护的提高形式，具有比健康教育更广泛、积极的含义。但如何判断行为对健康所起的是促进作用还是危害作用呢？具体可参照以下标准”①。

该教程用了较多文字阐述了世界卫生组织“具体可参照”的三个方面，即促进健康的行为、危害健康的行为和健康教育的主要任务，其内容涉及营养、睡眠、体检、预防、接种、医疗、保健、吸烟、酗酒、吸毒、赌博、斗殴12项标准，总计超过了1000字。② 然而，对于在健康促进中具有极其重要作用、根本不容忽视，甚至应该大书特书的“体育锻炼”，教程中却只用了抽象简单的，或者说只具有一些象征意义的区区10个字一带而过：“从事经常性的体育锻炼。”③这是否多少有些低估体育锻炼在健康促进方面的积极作用呢？

为此，本书认为在“健康促进”的概念中应进一步补充、完善体育锻炼的重要内容，进一步强调体育锻炼在增强人们体质、促进人们健康中所起的主动性和积极性作用，这些作用是其他任何非体育措施无法取代的。

此外，按照本书提出的对人体相对健康进行划分的等级标准，再反过来认识“健康促进”中“促进”的原文Promotion就会发现在很多英汉字典中，Prmotion的中文意思大多被解释为“提升”“升级”“晋级”“推广”“促进”“提倡”等，而《英汉词典》中对Promotim的第一个解释却是“升级”④，故此建议将其直接译为健康“升级”似乎更好些，这对于一般人来说也显得更为直观和明确，同时也可以显现出“健康促进”的本质，即提升健康程度，或者叫提高健康水平的相对等级。据此，本书才使用“健康升级”一词来替代“健康促进”。

其实，在总体上看，健康升级工作关系到人体健康两个方面的任务：一个任务是将人体的不健康状态升级到健康状态；另一个任务是将已处于健康状态的身

---

①陈智勇．新编大学体育教程（第2版）［M］．北京：北京航空航天大学出版社，2014：7-8.
②同①，8-9.
③同①，8.
④新思维英汉词典编写组．英汉词典［M］．北京：商务印书馆，2014：846.

体升级到更高等级的超健康状态。显然，这两方面任务的开展与推进根本上离不开医务人员和体育工作者的共同努力，也离不开医学养生知识的正确普及和体育锻炼习惯的科学养成。对此，《“健康中国2030”规划纲要》中所说的“加强体医融合和非医疗健康干预”，在保证国民健康升级中明显具有非凡的意义。

二、“健康升级”需要医疗和体育双管齐下

按照前面所述内容，若要完成健康升级的两个任务，或者叫两个阶段，就必然要涉及医疗卫生和体育运动两个范畴，也就是说，要完整地实现健康升级，则需要依靠医务和体育两方面人员的共同努力，任何一方的努力缺失，健康升级工作都是不全面、不完整的。

第一阶段是将人体从不健康状态升级到健康状态，即从-3、-2或-1级的不健康（病态）上升到0级或1级健康，这一阶段的任务主要应该由医务人员研究、完成。十分可喜的是，长期以来医务人员的辛勤劳动和无私奉献使这方面工作已经卓有成效，随着相关科学技术的普及，医学（含中医）和养生的研究进展更快。正因如此，使得更多人摆脱了疾病的痛苦，恢复了身体健康，享受着人生的欢乐。所以，医务人员深受人们的尊重与爱戴，他们对人类健康的贡献功不可没。

然而，另一种情况是不健康的人通过医务人员的精心治疗，升级进入到0级或1级健康状态，也就是说，其所有生理指标都达到了医学上认可的正常数值时，这些健康状态的人就与医务人员无关了——医院也大概不会再去接纳那些生理指标都已经“正常”的健康人群，这时他们就需要进行第二阶段的健康升级了。此阶段升级必然涉及体育运动范畴，这也印证了习近平总书记在全国教育文化卫生体育领域专家代表座谈会（2020年9月）上提出的“体育是提高人民健康水平的重要途径”的基本观点。

第二阶段健康升级工作，就是将低等级健康人群，特别是处于相对0级或1级状态的低等级健康人群，通过体育运动而将其提升到2级、3级甚至4级等较高等级的健康，即进入‘超健康’状态，从而增强对疾病的预防抵抗能力。这一阶段的健康升级工作主要应该由体育工作者通过一定的研究和实践来完成。当

下，体育工作者的健康升级工作已有一定成效，但总体上仍处于初级阶段，尚有许多困难亟待解决，有许多具体问题需深入研究，待取得一定成果后方可全面进行推广。

虽然没有具体统计数字做依据，但从当下社会总体上来看，处于0级和0级以上健康状态的人群明显要大于处在-3级到-1级不健康状态下的病态人群，也就是说，在进行健康升级工作中，体育工作者面对的人数应该大大超过医疗卫生工作者所面对的人数。更为重要的是，处于第一阶段不健康状态下的患病人群一般都有强烈的治病意识、治病的动力和清晰的治病目标：使自己身体早日健康。于是他们健康升级的愿望十分迫切，所以，对这些人的健康升级工作一般不需要费太多口舌；另外，面对大多数患病人群，相对应的医疗卫生工作者一般治疗目标较为明确，治疗方案步骤也较为清晰。然而，已经处于健康状态中“无病”那些人的健康升级工作就完全不同了。这部分人健康无病，一般身体无痛苦，也无不适之处，平时生活也较好，他们并不清楚地知道健康水平是能提高等级的，这就极大地麻痹了健康升级的思想。在这其中特别是数量庞大的中青年人，他们倚仗自己“天生”健康的身体，再加上各种客观原因和环境条件限制（例如，有些高校的大学生田径运动会上，最长的径赛项目竟然只有800米等），很少会想到要专门进行体育锻炼，特别是进行较艰苦的深度锻炼来提高自己的健康等级，也很少想到在健康问题上应主动采取积极的超前举措，于是，这些人在客观上很少关注或者干脆不关注自己的健康状况——在很多情况下都是等到身体健康倒退到负健康级别的患病状态，已经极大地影响工作、学习和生活质量时，才意识到要通过锻炼身体来提高健康等级的重要性。另外，面对大多数已身处健康状态的人群，相对应的体育工作者一般对提升其健康等级的概念较为模糊，其具体目标及操作的方案、步骤并不清晰。所以，向广大健康民众唤起“超健康”意识，普及“超健康”理念，从而促进他们进行锻炼，也就成为健康升级中一项庞大、迫切而又重要的任务。

由此可见，完整的健康促进和真正的健康升级必须依靠医务工作者和体育工作者双方共同努力，两者缺一不可。然而，现在在各类媒体上大力普及健康知识的专家大多是医务工作者，而较少见到体育工作者的身影，应该说，这不是一种正常现象。医务工作者的工作充其量只能使不健康的人达到并保持健康状态而已，体育工作者则应该即时地以“超健康”为目标，与医务工作者联手登上有关健康的公共讲坛。我们认为，只有通过医务工作者与体育工作者的共同努力，各司其职，才可以做到相互配合、相互协调、相互促进，以便在实践和理论上对广大民众进行全方位的健康升级，真正形成包括超健康状态在内的、完整的“四健康观”观念，从而更快、更好地为全民健康服务。

三、健康升级的养生、健身和炼身“三部曲”

由上可知，一个人的身体健康若要进行理想式升级，以达到高等级、高水平的超健康状态，那就应该参照医务工作者和体育工作者的科学健康观，通过养生、健身和炼身“三部曲”逐步完成。

养生，一般是选择或者营造一个较舒适的环境来保养身体，以静为主，或者适当进行运动负荷量较小的1度运动。养生能使人达到并保持身体的健康状态，这是人们公认的客观事实。

健身是通过稍大运动负荷量（一般在2度到3度运动）的运动来改变健身者体质，在身体基本健康基础上提升其健康等级，从而提高身体机能的能力。但在有些情况下，健身是以人体肌肉的健状与美（健美），或者降低体重（减肥）为目的而进行的。

炼身，则是以较大运动负荷量（一般在3度到8度运动）为主的锻炼运动，使身体进入并长期保持较高健康等级的超健康状态，从而能更好地适应各种环境条件变化，主动有效地提高对疾病的抵抗性和进攻性预防的能力。

所以，养生对人的健康之所以重要，是因为它可以使人达到并保持健康的状态。从生物学角度来看，经过亿万年大自然优胜劣汰的演化历程，人的身体中无疑都保留下来一种能有效应对各种疾病的侵扰，以维持身体正常状态的强大免疫力系统。但是，人在一生的社会活动中常常会因各种原因而形成一些不良的卫生习惯，这就在不同程度上摧残着先天的免疫系统，使免疫力降低。由此，养生则正是通过若干科学习惯的养成，促使人在不同程度上释放出原本就具有的免疫力，也正是这被释放出来的天然免疫力，才使人能达到并保持着健康的状态。

然而，若要达到更高等级的超健康状态，单靠养生是很难做到的，高等级的超健康状态必须同时来自于炼身，来自于较大运动负荷量的锻炼，来自于人体在后天锻炼中所形成的主动适应不同环境变化、对抗各种疾病入侵的抵抗能力。

前面已讲到，炼身的锻炼属于较艰苦的运动，就像“幸福都是奋斗出来的”一样，超健康的体魄也必须经过一定的奋斗和艰苦的炼身才能获得，这与我国自古就有的“冬练三九，夏练三伏”锻炼理念基本一致。那种只局限在舒适条件下的养生，很难造就出超健康的身体，至于在大学生田径运动会上取消 800 米以上径赛项目之类的做法，则更难培养出具有超健康坚强体魄的人才了。

经验表明，在养生、健身和炼身的“三部曲”中，青少年时代应以炼身为主，中年以后随着向老年发展，应逐步以健身和养生为主。

关于养生、健身和炼身“三部曲”之间的初步关系可参见表 5-1。

表 5-1　养生、健身和炼身“三部曲”之间的初步关系

	养生	健身	炼身
一般目的	保养身体，激发出人体原本就具有的先天性免疫力，以达到并保持健康状态	保持健康状态，提高身体机能能力；健美；减肥	通过锻炼，形成并提高人体后天性抵抗能力，从而提升健康等级并保持超健康状态
能达到的相对健康等级	0 级健康~1 级健康	1 级健康~2 级超健康	3 级及 3 级以上超健康
相对运动度	小于 1 度运动	1~3 度运动①	3~8 度运动
进行时主观感觉	不出汗、舒适	微出汗、舒适~微累	较多出汗、较累
环境选择	室内或户外舒适环境，多为被动地适应环境	健身房或户外良好环境	健身房或户外各种不同程度艰苦环境，多为主动地挑战环境
进行方式	每天进行	每天或隔日进行	间隔数天进行

①当下，在健身房中一些人健身的实际运动度可以达到或超过 3 度，由此，在一定意义上讲此举已经属于炼身的范畴，故而可以获得相应的效果。

第二节 间隔锻炼（法）的实施途径

既然健康升级的一个重要任务是提升人的健康等级，使其进入更高水平的超健康状态，那么，如何才能完成这一任务呢？事实表明，有计划、有步骤地使用“间隔锻炼（法）”进行锻炼，是一条较为可行的途径——只要锻炼者具有完整的“间隔锻炼”理念，那么他（她）就能够充分识别并完全甩开那些有关运动与健康的各种自相矛盾的言论，从而认清超健康运动之路的本质。

以下从5个方面来阐述如何通向超健康之路，即间隔锻炼（法）的实施途径。

一、用逼近法“摸清家底”——知己知彼，方能成功

近年来我曾多次为不同年龄段人群做间隔锻炼（法）与超健康的专题讲座，每次讲座结束总有一些人向我提出这样的问题：“我如何进行间隔锻炼？如何达到超健康状态？”当然，这也是很多人都关心的问题。对此，我的回答是：首先，你应该选定自己锻炼的主运动项目；其次，也是更重要的，你应该熟知自己在这个主运动项目中的极限负荷量，即你在这项运动中的“家底”——最大运动负荷量。

事实上，第一个问题比较容易解决。根据世界卫生组织和许多健康专家建议，大多数人选择了以下肢运动为主运动项目——跑步（中老年者则选择走路）。这是因为：首先，跑步简单、易行而又实用，对于促进人体健康作用很大；其次，跑步不受各种运动器械和运动场地条件的制约，比较随机，灵活性较大，也不需要别人的协作配合。当然，这其中还有一个必须补充的重要原因，就是跑步（走路）是属于动物第一系统运动中的主要甚至唯一的运动方式，故此，选择以跑步（走路）为主运动项目，本身就是人类顺其自然、回归自然理念的真实体现，它也可以看作是一种真正对自然返璞归真的运动。所以，跑步是身体达到超健康水平的一个重要而又优越的首选运动项目。

然而，第二个问题解决起来就不那么简单了。事实上，绝大多数人的回答都

让我失望，他们的答案几乎完全一样："不知道"。

其实，做任何事情只有知己知彼才可能取得成功，也就是说，做什么事情都应该首先摸清自己的"家底"。不知道自己的"家底"，不清楚自己的现状，怎么能在运动中真正掌握"适当"运动的具体界限呢？正如前面所说，就如同货车司机倘若完全不知道车辆的最大载重量，那么他怎么能真正做到"合理"运输而不超载呢？要真正做到"不超载"，其第一个必要条件就是首先得明确了解其车辆的最大载重量，即车辆载重量的"家底"，这显然是生活中最普通的常识。

所以，在进行"间隔锻炼"之前，一定要查清你自己相关运动极限负荷量。

相比之下，古人"饭吃七成饱"的养生做法就比较容易掌握，这是因为一般人大体上都知道自己"十分饱"的具体极限量。由此，如果对于运动强度、运动负荷量也讲"七成运动"或"五成运动"，不是也就不会出现超量运动的情况吗？这正是本书在第二章中首先提出相对运动程度"运动度"概念的原因。要正确且适量掌握自己的运动等级，就必须充分了解自己具体的 10 度运动负荷量，即极限负荷量究竟是多大，所以，深入认识并具体查明自己运动极限负荷量的数值，是进行间隔锻炼开始时关键性的一步。

那么，如何查明一个运动者运动极限负荷量的值呢？我们可以使用科学研究中常用的一种"逼近法"，即通过多次锻炼实践的尝试，来逐步靠近（逼近）其极限负荷量的数值。

现以跑步为例来说明使用"逼近法"寻求极限负荷量数值的过程。

第一步，根据运动者已有的健康状况来确定其运动的强度，即设定跑步的速度。一般人初始时可设定为"中等速度"，体质较好，或中青年人可设定为"较快速度"，而体质较差，或中老年人则可设定为较慢的速度。这些速度只是初步的设定，以后要在锻炼实践中进行检验，并依据实际检验的反馈情况及时进行修正。比如，一个人如果确定用中等速度顺利跑完 5000 米，那么，根据间隔锻炼（法）的原则，他（她）应该连续跑 5～10 个运动周期，当然，相邻两个周期之间的间隔时间是以其各器官系统工作能力完全恢复且尚未开始下降为标志。在这 5～10 个运动周期阶段内，运动者要及时关注每次锻炼的反馈信息，随时调整运动的负荷量（包括速度和距离），感觉量大了，应逐渐减少，感觉量小了则应酌情增大，直到身体感觉一直良好，才可以进入下一步。

第二步，在身体完全恢复后，以同等运动强度，适当增加其运动负荷量，向极限负荷量靠近。比如，增加到5500米，再以此负荷量进行新一轮运动实践尝试，并再次连续跑5~10个周期。这里应该注意，对于某些人来说，在相邻两次运动间隔中，很可能会出现惊喜的“超量恢复”现象，这时需要抓住超量恢复的大好时机，顺势适当地提升其运动负荷量。

第三步，运动者经过以上几个周期的运动，如果每次运动的主观感觉很好，疲劳程度也都可以接受，也就是说，在每个周期的锻炼开始时，身体状况与上一个周期开始时基本一样，那么就可以将其运动负荷量增加到6000米（或5800米），然后再以此新增的负荷量为准进行间隔运动5~10次……如此反复，直到负荷量加到某一数值（如11000米）后，发现很难再加上去了，那么这个数值（11000米）就可视为其极限负荷量的数值。

在运动实践中寻找极限负荷量时应注意以下几个原则：

① 每轮运动所增加的负荷量都应该遵守循序渐进的原则，选择在各自可接受的范围之内。这里可参考（但不是照搬）有关学者提出的“百分之十”原则，“其含义是：每周的运动强度或持续时间的增加不得超过前一周的10%。比如，本周坚持跑步20分钟，下一周要增加练习负荷，跑步的持续时间就不应该超过22分钟。从事其他的运动或增加运动强度也应该遵循这个原则。”① 与这个原则有所不同的是，间隔锻炼强调只有在经过每轮5~10次的运动检验，感觉较好并保持稳定之后，方可尝试进行下一轮增加负荷量的锻炼。

② 探索的初期，每轮增加的负荷量可以略大，如增加10%，然而到中后期，每轮增加的负荷量应逐步递减，比如递减到5%，直至逐渐“逼近”其极限负荷量。

③ 极限负荷量在实际运动中的探寻，必须在身体健康（身体相对健康等级至少处于0级或1级健康状态）的基础上进行，对低于0级健康的疾病患者，须首先经过医疗养生恢复健康后方可进行。

④ 中老年人，尤其是老年人，应慎用这种逼近法。如果使用，最初一轮的起点负荷量应该要小，小到运动者能在正常状态下完成。如果无论怎样小的负荷

---

①唐宏贵．体育健身原理与方法［M］．武汉．湖北长江出版集团，湖北人民出版社，2000，69-70.

量运动者都无法完成，那就表示他很可能不是一个健康者，应该先求助于医疗养生，使自己达到健康等级后再走上超健康运动之路。

总之，运动者在探求极限负荷量的每一轮实践中，都应该密切关注、认真分析、仔细研究身体各个部位、系统对锻炼的反应情况，如有异常，应该及时查找原因，并及时纠正，必要时可减少运动负荷量，甚至停止锻炼。

经过一个阶段“逼近法”的探索实践，运动者基本确定其极限负荷量的大体数值后，他（她）就能根据间隔锻炼（法）的相关原理，并参照“量体载衣”的有关原则来进行间隔锻炼运动了。

二、用分析法“量体裁衣”——具体情况，具体分析

“具体情况具体分析”和“适合自己的运动才是最好的运动”这两项基本原则是进行超健康运动之前必须牢固树立起来且不可动摇的理念。

统观当下，不论在运动健康的文献资料里，还是在广为流传的社会习俗中，人们常见到类似这样的忠告：专家甲说一个人必须每天走 8000 步方可保持身体健康；专家乙则讲每天须行走 12000 步才能达到健康目的，当然，专家丙与专家丁还会有其他各自不同的见解与标准，可谓“众说纷纭、五花八门”，运动标准之多使人眼花缭乱，差别之大让人难以适从。

其实，无论是 8000 步，还是 12000 步，只是不同专家在运动中提出各自认定的运动方法和标准，这些方法和标准能否适合所有人是值得认真思考的。面对社会上不同健康水准的人群，这些专家却只给出某一个基本固定不变数值的运动标准，这在一定程度上忽视了“具体情况具体分析”的基本原则，忘记了不同运动对象应该采用不同目的性标准的基本道理。对此，只要稍想一下都会知道，不同性别、不同年龄、不同体质和具有不同运动极限量的人在同样一个标准尺度下运动，其效果不会一样，甚至很不一样。事实上，我在运动场锻炼时就常会遇到一些大学生，他们按照专家所说，每天都认认真真且不折不扣地带上手机（计步器），来完成那“神圣”的 8000 步走路运动——如此之小的运动负荷量，对于一个 20 岁左右充满活力、年轻力壮且蕴藏有较大极限负荷量的青年人来说确实有些可惜，其所走的 8000 步运动最多也只能算是 1 度或 2 度运动的“活动”

而已，且对健康升级的成效也实在太小，同时他们还要为此丧失对自己真正有益的体育锻炼行为，更要以极为宝贵的青春作代价，耽误了学习，显然是得不偿失。

所以，每一个运动者对于有关专家所说的话，应该根据自己的实际情况对照思考，逐步实践，及时检查实效，决不能不假思索、不顾一切地生搬硬套，要反复分析其是否真有根据，是否符合一般的科学道理，然后吃透其核心思想和关键内容，最后再参照自己体质情况进行具体分析，特别是参照极限负荷量情况，按照预先确定的健康等级要求“量体裁衣”，确定适合自己的最佳健康负荷量（运动周期负荷量）。

当然，读者对于我“大约每间隔10天进行一次、每次约8000米跑”的间隔锻炼（法）同样不能盲目照搬，正因为如此，我才在“间隔锻炼（法）”的“法”字上特别加一括号，以提醒、警示读者，它并不是一个不可变更的具体锻炼标准与方法，对于间隔锻炼者来说，也只是具有一定指引和参考的价值。运动者必须发挥其主观能动作用，“量体裁衣”地规划出适合于各自的锻炼目标，确定要达到的超健康等级，找出具体可行的锻炼方法，并经过多次实践，确认整个“量体”过程无误，方可长期操作、执行。

为了提高锻炼的效率，在“量体裁衣”进行间隔锻炼时，还需要同时参照“短动长静”的运动原则，科学地发现并确认各自具体锻炼的间隔时间。

三、用尝试法“短动长静”——以逸待劳，提高效率

与做其他很多事情一样，在使用间隔锻炼（法）以达到超健康状态之时，也必须时时考虑锻炼投入与产出两者之间的关系，即“产投比”，或者叫做锻炼的效率问题。只有以同等锻炼的体力与时间付出后得到尽可能大的成效，才会事半功倍地达到超健康目的。提高锻炼效率的原则之一就是尽力做到“短动长静”。动，是为了获得尽可能长时间的“静”而动，即锻炼是为了赢得更多不锻炼时间的静；静，是为了完成最有效的“动”而静，静是为了更长时间、更好地享受锻炼的成果。在不影响整个身体健康等级状况下，处于“静”的不锻炼时间与处于“动”的锻炼时间之比值越大，其锻炼的效率就越高。按照间隔锻炼（法）的含义，“静”所占据最大间隔时间长度的确定原则是以不影响后一个

锻炼周期中的锻炼实效为前提条件。那么，应该怎样把握这一“静”的间隔时间长度，使其产生最大化的效应呢？

首先，对于一个“每天锻炼”的运动者来说，可以用尝试法进行这样的试验：将现有的“每天锻炼”改为每隔一天锻炼一次，每次锻炼的负荷量暂时不变，并连续进行2~3个月，然后评估锻炼效果。如果锻炼效果与过去“每天锻炼”的效果差不多，甚至更好些的话（从我近几年来对一些“每天锻炼”者进行的实际询问、调查结果来看，出现这种情况的可能性是很大的），那么是否可以认为过去“每天锻炼”中大约一半时间和体力的付出对身体健康并未起到什么有效的作用呢？因而从这个意义上说，原来有一半天数所进行的锻炼在实际中可能已经形成体力上和时间上的“浪费”。所以，每隔一天的锻炼效率比“每天锻炼”的效率实际提高了大约一倍。

在此基础上进一步延长一天间隔时间进行尝试，即每隔2天用同等的负荷量锻炼一次，评估锻炼的效果。经过2~3个月的锻炼实践，如果发现锻炼效果与“每天锻炼”的效果大致一样，或者更好，那岂不是又将锻炼效率提升一步了吗？以此类推，锻炼者可以逐步在增加不锻炼“静”的间隔天数中进行多次尝试，直到“静”的间隔天数达到某一个数值，即这个间隔的天数已经妨碍到下一个运动周期的锻炼实效，再以此为转折点，反回来从中选定某一个“静”的不锻炼的最合适天数，并以此为间隔时间，长期进行正常的间隔锻炼。这就是逐步使用尝试性的实践方法对所谓的“每天锻炼”者向着“间隔锻炼”的改变过程，也是提高锻炼效率的过程。这种寻找间隔时间长度的方法叫做内插式尝试法，一般更适用于中老年锻炼者。

其次，对于另一些尚未进行“每天锻炼”的人，尤其是中青年人来说，就不宜使用上述内插式的方法了。对于这些运动者而言，探索适合各自“短动长静”间隔锻炼中的“长静”间隔天数，可以采用前面提到的逼近法，具体做法可参照我曾在青海冷湖锻炼实践中的探索过程。这种尝试性寻找间隔时间的方法可称为外伸式尝试法，一般更适合于中青年锻炼者。

四、用反馈法“关注动态”——及时检查，少走弯路

在转向进入间隔锻炼的过程，或者长期进行间隔锻炼中，应抽出必要的时间

来随时关注每次锻炼过程和锻炼效果的动态状况。每次锻炼后，要静下心来认真分析、仔细推敲此次锻炼状况，包括锻炼负荷量的合适程度，锻炼负荷量的重新选择或修改，锻炼结束后的情绪反馈和身体各器官、系统的反应，局部和整体的疲劳程度、复原所经历的具体时间等。如果可能，最好能做一些文字记录。文字记录并不仅仅是一个简单的记录过程，在写成文字的整个过程中，实际上已经融入了锻炼者对此次锻炼的分析、判断、选择和思考的理性提高过程，这样，锻炼者在文字记录中就更容易发现锻炼时所存在的不同与不足之处。只要发现锻炼中有所异常，便可立即查找原因，分析根源，从而及早对锻炼情况作出修正方案。表面看来这样做似乎多此一举，浪费时间，但这种在一定理性指导下有目的、有计划、有意识、有反馈的锻炼，恰恰可以使锻炼者少走许多弯路，有效避免锻炼中的一些误判。所以，从人生整个锻炼过程来看，这样做反而是节约时间，使锻炼者更快更好地走上超健康运动之路。

五、用归纳法“总结提升”——形成理念，指引锻炼

能否在一定理性上观察、认识并总结自己的运动行为，是人与动物运动的一个重要区别，也是本质区别。在这一视角下，第二系统运动与第一系统运动之间的差别也就更加明显。

只要稍微观察一下与人类最为接近的哺乳动物，如猫、狗、马、羊、兔等，就会发现，这些动物一生中虽然也在进行各种各样的运动，但所有这些运动全都出自于它们在亿万年自然选择过程中形成的天性或本能，因此统称为无意愿运动，属于第一系统运动的范畴。例如，猫狗小的时候天性活泼好动，对什么都新鲜好奇，看上去似乎并不知道什么叫累，故而常常处于不停地运动（如玩耍、打闹、奔跑等）之中。然而，它们在经过青春期的活泼好动，自然地获得了较为强健的身体素质而进入中老年期以后，天性逐渐转化成“懒惰”而显得更为“喜静”，在野外的自然环境下，除非感到饥饿难忍而不得不四处游走觅食，或发现危险来临而必须快速奔跑外，它们大概不会主动去进行运动，当然，更谈不上主动进行专门的体育锻炼了。

因此，懒惰、好静、贪图舒适是很多动物，尤其是很多成年动物的天生习

性。当然，从生物演化的角度来看，人的性格中也存留着动物的这一天然习性，其中表现之一就是，青少年时代的孩童和年轻人往往因好动而常常喜欢参加一些较大负荷量的运动，甚至体育锻炼，而一旦步入中年，很多人无意中就减少或停止了相关的体育锻炼，其中只有一部分人可能凭着年轻时形成的运动习惯、兴趣、爱好等将相应的运动延长一段时间，但这种延长应该依旧归属于第一系统运动的范畴。

然而，与动物有所不同的是，人可以发挥自己独特的主观能动性，主动地进行体育锻炼，从而主动地进入超健康理想状态，这是人与动物的一个根本区别，也是第二系统运动与第一系统运动的重要区别。只有人，才能真正认识到体育运动的意义所在，才能站在一定的思维高度，有意识减少存留在第一系统运动中的“懒惰”和“好静”天性对健康带来的负面影响。要做到这一点，其中一个关键就是锻炼者要不断、定期、及时地归纳和总结自己的锻炼行为，对于不好的锻炼行为必须立即纠正，而对于良好的锻炼行为则应该保留并将其上升到理性认识高度，只有上升到理性认识，才有可能形成理念，才有可能主动指引后续的锻炼实践。可见，在一定理性认识指导下的锻炼才可能是合理的、实用的、最好的，也才是因人而异的、最富有成效的锻炼，因此，这样的锻炼才能真正获得提升健康等级的效果，并使其尽快进入超健康状态。

另外，除了参照上述原则进行主运动项目的间隔锻炼外，按照间隔锻炼（法）的完整含义，同时还应该确定1～2项辅助运动项目进行运动。辅助运动项目每次的运动负荷量不宜太大，一般控制在3度运动之内即可。辅助运动项目的完整进行过程也可以参考上述主体项目锻炼的若干原则。如果辅助运动项目的负荷量很小，只在属于“活动”范围的1～2度运动，那么其中的间隔时间长度就应该相应缩短，直至趋向于缩短到仅存于1度运动中进行的所谓“每天活动”（当然，也是“每天运动”）的状态。

最后还要强调的是，要使身体达到全面超健康状态，除了进行正确的间隔锻炼外，还应该随时关注自己的运动器官和系统，尤其是各运动关节活动情况，注意及时调整，或者采用一些科学养生的方法对其进行调养、保健，以此配合间隔锻炼的长期进行，从而达到并保持超健康的状态。

第六章　关于设立体医融合“健康学”学科的设想

跛足而不迷路能赶上虽健步如飞但误入歧途的人。

——培根

社会一旦有技术上的需要，则这种需要就会比十所大学更能把科学推向前进。

——恩格斯

要倡导健康文明的生活方式，树立大卫生、大健康的观念，把以治病为中心转变为以人民健康为中心，建立健全健康教育体系……

——习近平

培养健康教育师资，将健康教育纳入体育教师职前教育和职后培训内容。

——《“健康中国2030”规划纲要》

由我国国务院学位委员会和教育部颁发的《学位授予和人才培养学科目录（2011年）》中包括了学科的13个大门类，其下共设有110个一级学科，该学科目录虽然在2018年做了一些更新，然而，在其学科门类中，却一直没有专门的健康学学科——因此，社会上至今尚没有一位健康学的教授或博士，这显然跟不上当前我国健康形势的高速发展。我个人认为，设立专门的健康学学科的各种条件已初步具备，故此本书专列一章，提出有关建立健康学学科的设想（可创建英文名称 Healthology——我曾成功地创建过 Creatology，即中文的行为创造学①②），请有关部门予以考虑，这不仅符合中央“把以治病为中心转变为以人民健康为中心，建立健全健康教育体系”的相关精神，而且也符合广大民众迫切追求（超）健康的愿望。

第一节 时代呼唤着体医融合健康学学科的诞生

一、健康科学应该有其相应的学科归属

当下普遍认为，与健康关联最为紧密的学科主要是医学，由此便出现了与体育学相结合的、现在学科目录中已归入临床医学一级学科之下健康类的“运动医学”（二级学科）。鉴于运动医学主要是“研究与体育运动有关的医学问题”，所以从逻辑上讲，它仍然属于医学范畴，故而放在医学学科之内是非常确切的。然而，如前所述，医学的主要研究对象并不像很多人所认识的那样是人体的健康，恰恰相反，医学所研究的对象是人体的“不健康”，是研究如何把人的不健康转变为人的健康，也就是站在不健康的角度上来认识健康、关注健康，而一旦人的身体转变为健康了，医学一般也就很少关注、很少研究了。所以，本书前几章所涉及的许多关键性的健康问题，不仅超出了医学学科主要的研究范围，而且在现有的学科目录中难以找到其学术上的归属。由此，从学科建设的层次上来考虑，不由萌发出了设立健康学学科的想法，在此供有关部门和研究人员参考、研讨。

一门学科的形成和发展往往直接或间接地关系到社会经济的发展和全民素质的提高，所以，学科建设工作一直是我国高等学校，尤其是研究型大学一项极为重要的任务。然而，对于涉及每一个人且被每一个人都视为“头等大事”的健康而言，社会上却还没有一个专门的学科与之对应，也没有专门的健康学学科

①庄寿强．普遍行为创造学（第四版）［M］．徐州：中国矿业大学出版社，2013：5.
②庄寿强．普遍行为创造学（英文版）［M］．徐州：中国矿业大学出版社，2014：4.

点，当然更没有健康学学科的教授或博士，也就是说，没有一个专门的学科在为全社会民众的健康进行专门的研究和科学的服务，这与当下整个时代的发展节拍似乎有些不太相称。

现在社会上存在很多较为分散的、零星的健康知识，由此可以设想，如果能将这些已有的健康知识融合在一起形成一专门的学科，那就十分可能形成健康学自己的学科体系，同时也能更好地形成“建立健全健康教育体系”及健康学自己的师资职称体系，进而培养出更多、更专业的专门健康学人才。此外，只有形成健康学学科，才有可能在学科内产生不同的学术观点，分支出不同的健康学学派，通过贯彻“百花齐放、百家争鸣”的学术方针进一步促进健康学发展，科学地改变健康领域内鱼目混杂、乱象丛生的局面，从而为人类健康事业作出更多贡献。

当然，一门新学科的建立是一项庞大复杂的系统工程，绝非少数几个人所能完成。在此我只是从个人直观研究的角度提出一些初步的设想建议，其目的只是在于引起社会的关注，引起有关专家和政府部门的关注，引起广大追求健康和超健康民众的关注，从而为健康学学科的早日诞生起到开启思路、牵线搭桥和抛砖引玉的作用。

千里之行，始于足下。再庞大复杂的工程开始时总要迈开第一步。因此，建议在设立健康学学科之前，可以先发起一个与健康学学科有关问题的专门学术研讨会，通过科学研讨与学术交流，以求获得各方面专家、学者、政府部门及相关产业人士的基本共识。只有更多人士和部门共同参与，健康学学科才能尽快形成。

二、全国卫生与健康大会的召开呼唤着健康学学科的诞生

2016年8月，中央召开了“全国卫生与健康大会”，习近平总书记在会上强调健康是促进人全面发展的必然要求，是经济社会发展的基础条件，是民族昌盛和国家富强的重要标志，也是广大人民群众的共同追求。此外，习近平总书记还就预防为主方针和“大卫生，大健康”理念等问题作了科学论述，并强调没有全民健康，就没有全面小康，要把人民健康放在优先发展的战略地位。此后，中

共中央、国务院印发了《“健康中国2030”规划纲要》，提出了“提高全民健康素养”、“加大健康教育力度”等具体要求。

为了响应中央号召，2017年3月，国家体育总局正式启动了“328运动模式”（328运动模式，即每周运动3天，每天2次，每次8个动作），并提议将每年的3月28日定为全民“运动健康节”，鼓励全民用运动保持健康；用行动助力健康中国。

2018年，国家正式设立了“国家卫生健康委员会”的政府机构，突出了健康在全社会中的重要性，也标志着医疗卫生工作开始从以治病为中心向以健康为中心转变。

由此可见，全社会对国民身体健康素质的极度重视和对健康的极度追求，为健康学学科的诞生营造了十分良好的环境条件，也打下了广泛的群众基础。

所以，要更好地完成中央在《“健康中国2030”规划纲要》中提出的各项任务，让亿万民众的身体在更高科学层次的指导下全面提升健康水平和健康等级，使全体国民常年保持对疾病的积极性预防状态，就迫切地需要有一个专门健康学学科理论作为指导，而系统全面的健康学理论又只能来自于对健康问题进行多角度、全方位系列性的研究，这也迫切需要有一门全新的、专门的，而不是仅仅用所谓“成功”的个案或经验来指导人们获取健康和超健康体魄的学科。因此，全国卫生与健康大会的召开客观上在呼唤健康学学科尽快诞生。

三、健康产业的迅速发展助推着健康学学科的诞生

科学史研究表明，一门学科的诞生在很大程度上得益于相关产业率先发展的推动。当产业先于学科而发展到一定程度时，产业就会因缺乏理论指导而进入发展的“瓶颈”，这时，它就会催化并推动相关学科的诞生。

例如地质学学科，在人类社会早期，地表矿产非常丰富，采矿行为也很简单，社会对矿产的需求量也不是很大，所以不需要专门学科的理论指导，仅凭经验常识就能基本满足人们对矿产开发的需求。但是，19世纪中叶社会进入工业化时代后，日新月异、迅猛发展的矿产开采及勘查产业就急需一些专门的采矿理论来进行指导，这极大地促使了地质学学科的诞生——仅经过短短的二十多年时

间，在工业革命中心的英国就基本上奠定了现代地质学理论的基础。再如建筑学学科，同样也是在人们经过并不太需要过多的建筑学理论就能拼搭茅房、垒砌土屋的原始时期，进入到没有建筑学学科就不可能有摩天大厦落成的建筑产业大发展过程中才产生、发展并完善的。

当下，我国的医疗养生、健康器械、营养保健、健康管理以及健康咨询等各类健康产业已经得到了迅速发展，成为金融风暴中少数“不缩水”的行业之一。然而这其中的一些深层次问题，特别是某些产品因缺乏一定的科学性和实用性而常常受到民众的质疑，一些极端质疑者甚至发出了“健康产业全是骗子”“保健食品越吃越糟”“教授专家胡说八道”之类的怨言，甚至是怒言。所以，健康产业的蓬勃发展急需有一个专门的健康学学科作为理论指导，有了健康学学科的科学指导，健康产业才可能在更高的科学层次和水平上扩大视野，提升产品科技含量，通过与健康学理论的互融而得到快速且稳步的发展。

四、业内人士对健康认识程度的粗造性催化着健康学学科的诞生

如第四章第一节中所述，当下人们对健康状态认识的“三健康”观，即将人的健康状况只是简单地划分为健康状态、不健康状态和亚健康状态，基本上来源于两千多年前古罗马时代的医学水平，至于当今人们为何对健康状况这个关系到每个人切身利益，且被人们称为“第一重要”的基本概念，其认识程度居然如此粗糙，如此简单，以至于与公元前的古人大体相似，这其中的原因当然已不属于本书的探讨范围，然而，正是这种极不正常的现象却在无形中制约人们对健康认知的追求，甚至限制了人们对健康认知的深化。如此认识很像一个孩童只能简单粗糙地将人区分为“好人”和“坏人”一样，现在人们大多也只能肤浅地评价一个人的身体是处于健康状态，还是不健康状态，或者亚健康状态而已，也就是说，当代人们对健康的认识水准可能尚处于健康学学科的“孩童时代”。由此，若要进一步深化对健康的认识，改变对健康认识的粗糙性，则需要人们能够通过众多健康内容具体参数的变化，对健康状况进行更全面、更系统、更深入、更科学的了解与评价，以便在各个方面的指标上提升健康的层次和水平，从而走出健康学的“孩童时代”，这些都必须要有健康学学科的指导。

五、当下健康知识普及的乱象亟盼着健康学学科的诞生

由于至今尚没有健康学学科的系统理论，而广大民众又迫切需要大量健康方面实用性的科学知识进行行为指导，于是便把注意力投向与健康最为密切的“医学”，以致误认为医学就是专门研究健康的学科。

一般民众对医学的这种误识和自身对健康的迫切愿望，无形中为少数打着所谓“科学普及”旗号的神医专家、禅宗大师及权威教授们打开了方便之门。这些人虽然为数极少，但他们常常以谋利为目的，抓住个别成功案例，未经科学分析、研究，直接披着健康学理论的“外衣”，忽悠群众，更有甚者，为了迎合人们渴求健康的心态，利用“一个人渴望什么，他就会相信什么”的心理，常常不惜启用“宫庭秘方”“祖传诀窍”“名老神医”等金字招牌（其实，真正的科学与学术都是以理服人，是不需要用这些金字招牌来粉饰和支撑的），用“外国××专家最新研究成果”之类的崇洋思维，用不容人置疑的语气，巧妙包装后通过各类媒体尤其是互联网，重磅轰击，在社会上产生了不好的影响，于是各种各样健康“理论”就出现了：有讲动的、有说静的，有讲吃素的、有说吃肉的，有讲吃红豆的、有说吃绿豆的，有讲喝水的、有说饮茶的，有讲拍手的、有说泡脚的，有讲打拳的、有说快走的，有讲爬山的、有说跑步的……真是五花八门，鱼龙混杂。更为离奇的是，今天这位大师刚讲完为了健康应该这么办，明天那个专家又开始说为了健康不能这么办，听后常常让人无所适从，一头雾水。对于健康知识普及如此混乱的现象，广大民众确实很难或者根本就不可能去判断其中的真伪。于是，有人便发出了这样的感慨：自己活了大半辈子，最后竟然不会吃饭、不会喝水、不会睡觉、不会运动了，更有人对此干脆一概不信，那怕是官方媒体上的权威性解说也是一笑了之，我行我素。

总之，当下一些健康专家们在普及健康知识时，会给人产生一种印象：他们往往只摆（出）成功个案的事实，但却不讲其中的道理，或者说根本就讲不出其中的科学道理。这些专家中还有极个别的冒牌者为了谋取钱财而不惜坑害百姓，较为成功地打出了健康学的“擦边球”。那么，我们究竟应该怎样吃饭、怎样喝水、怎样睡觉，特别是怎样运动才算真正科学而健康呢？所有这些问题都亟

待一门健康学学科来予以澄清，做出结论，广泛推广，造福于民。

第二节 健康知识的深入发展促使着体医融合健康学学科的诞生

学科，是从逻辑角度对不同性质和内容科学领域在学术上进行的分类。一门学科应该有其独特的研究对象和相应的理论体系，并有其最基础的概念。健康，应该是健康科学领域中最基本、最基础的概念，现在又补充了“超健康”的内容，形成了更为完整的“四健康”观，既丰富了现有健康概念的内涵，又完善了健康概念的外延，由此，健康学学科的雏形基本形成，透过这个雏形，我们似乎看到了一个隐约显现的健康学学科体系。

一、当下健康领域的研究与教学成果初步奠定了健康学的基础

健康是关系每个人切身利益的头等大事，因而备受人们关注。目前社会上虽然还没有专门的健康学学科，但是，与健康密切相关的科学研究与教学实践工作已经普遍开展，并取得了很好的成效。比如，有关高等院校中已经设立了运动与健康系，或者成立了专门的健康学院，为相关大学生开设了运动医学、运动生理、体育康复、体育健身及营养保健等一大批有助于了解人体健康、促进人体健康的课程，也为传授健康知识、培养健康方面人才做出了很好的典范。此外，不同层次与不同级别的体育科学研究机构也遍布全国各地，它们在运动人体科学研究和开展群众性体育活动、促进全民健康方面探索出了很多实用性的研究成果，为健康事业的发展也作出了很大贡献（例如，2018 年 8 月 7 日，国家体育总局和中华全国体育总会就向全社会发布了“科学健身 18 法”）。所有这些健康方面取得的教学与研究成果，客观上为健康学学科的诞生奠定了基础。

二、现有健康知识的理性升华急需健康学学科的指导

现在社会上的各种健康类知识都是人们长期进行尝试、探索、研究的成果，但很多仍停留在知识发展的经验性阶段，并没有达到理性高度。比如，在现实

中，既存在着用不同程度运动可以达到相同健康效果的观点（例如，在以快步走促健康的运动中，有人采纳专家甲的看法，每天走13000步，而又有人听从专家乙的意见，每天只走7500步，由此，他们都可能达到健康的目的），又存在着用相同运动程度可以达到不同健康结果的看法（例如，在每天都只走13000步的人群中，有些人身体变健康了，而另一些人身体却因此搞坏了）。

其实，这里所谓的不同观点或看法大多是人们根据各自观察的经验而产生，或者根据一些调查报告收集而来的统计结果，尚缺乏严密的科学论证，因此，它们很难称为是不同的学术观点。学术观点应该是在一定理论研究和学术论证指导下形成的系统性学术看法。在一门学科中，持不同学术观点者可以形成各自的学派，学派与学派之间可以分别阐述其学术上的道理，并展开一定的争论。只有学术争论才能真正促进学科发展，才能提升健康知识的实用性和理论性。所以，只有健康学学科诞生，才可能升华各种经验性的观点或看法，才能更有效地推动健康事业发展，从而更科学、更有力地为广大民众的健康服务。

三、“四健康”观的提出进一步周延了健康学概念

通过50多年间隔锻炼的实践与探索，2016年，我在北京体育大学的《运动》刊物上发表论文①，从学术角度正式提出了超健康的概念，由此我便很快发现，超健康状态概念的提出无意中在一定程度上对称性地补充了传统“亚健康状态”词语的欠缺，从而形成了完整的“四健康”观理念（见图4-1）。在四健康观理念中，健康概念的外延变得周全而且明确，内涵显得更加深入而且清晰，特别是从超健康概念引申而出将健康概念进行不同类型和不同等级划分的学术探索，为健康学学科的创建提供了一条具有参考性的研究思路，可激发更多的科学研究者来关注健康学学科，促使其诞生并发展。

第三节 对健康概念的探究初显出体医融合健康学的部分内涵

我们都知道，若要全面了解一个人在社会上的真实情况，仅仅依靠孩童眼中

①庄寿强．间隔锻炼健身法及其超健康状态初探［J］．运动，2016（137）：153-156.

“好人”与“坏人”的判断标准，显然过于简单和轻率。这是因为一个人的真实状况甚为复杂，“好人”也可能做过一些不好之事，甚至干过坏事；“坏人”或许也有过一些善良之举而曾受过人们的称赞。所以，若要了解一个人全面而真实的情况，就应该从其性别、年龄、家庭、习惯、爱好、性格、工作学习状况、职务、职称、社会贡献等众多方面入手，进行定性、定量的考察、分析、判断。与此类似，健康概念的内涵其实也是极为丰富的，对一个人健康状况的认识也只用“健康”、“不健康”或“亚健康”三个笼统的“孩童标准”泛泛表述，不仅过于粗糙，而且还可能导致失真或误判。即使用世界卫生组织提出的10条健康标准来进行判断，也可能与事实有所出入。比如，现实中一个身体十分健康的人头发可能稀少，甚至脱落；反之，一个不健康的重病患者却完全可能“头发有光泽，无头屑”。所以，只有有了健康学学科作指导，才可能对人体健康状况进行多角度、全方位定性、定量地研究与评价，从而满足人们对自身健康的全面认知。

因此，从不同角度认识健康会产生不同的认知结果。以下内容是从不同角度出发，对健康内涵进行一些初步探试的结果，其最终可能性如何还有待进一步考证，在此提出，也仅供人们在研究、建立健康学学科时参考。

一、相对健康与绝对健康

前面第四章中所讲到的健康度和健康等级，是指一个人能够健康地适应各种不良环境的程度。因此，不同体质的人在同一个“不良环境”下对不良程度感知的结果不一定完全相同。例如，甲的体质较好，他所感觉到的“轻度不良环境”，对于另一个体质较差的乙来说可能是“重度不良环境”。所以，仅仅根据个人在各自认为不良环境下的感知程度来确定的健康等级称为相对健康等级。表4-1均为相对健康等级，它们都是根据不同人的不同“周期负荷量”的大小，即各自体验到的环境不良程度来确定的，所以，相对健康只是依据个人的具体感受而体现出的健康状况。

然而，如果依据的不是个人的具体感受，而是一般人所共同的感知程度，即所谓“公认”的环境不良程度来确定的健康等级，那就具有另外一种含义了。

比如，一般人都会认为，青海柴达木盆地风砂、高寒、干燥的沙漠戈壁理当属于不良环境，而青藏高原海拔 5000 米以上地带则都会认为属于恶劣环境——在能够适应一般“公认”不良程度环境下表现出来的健康则叫做绝对健康。

必须说明的是，此处所用“绝对”一词主要来源于现实生活，并不是哲学上“绝对”概念的含义。此处的“绝对”其实也是一种相对，只不过是针对一般情况，或对大多数情况而言的“相对”。这很类似有人将山峰与海平面起算点相比的海拔高度称为“绝对高度”，而将与其山脚相比的高差称为“相对高度”。在地理学中，人们也常把某一事物的地理位置分为绝对地理位置（指根据其所在经纬度来确定的位置）和相对地理位置（根据其他具体参照物来确定的地理位置）两类。此外，在地质学中也常有人对用放射性同位素方法测定的矿物年龄称为地质上的“绝对年龄”。这些“绝对”都不具有哲学中“绝对”的意义。

绝对健康中绝对健康的程度叫做绝对健康度，绝对健康度也需要进行等级划分，其划分的原则暂时可以参考当下人们对人体舒适度的划分，因为舒适度的划分依据恰恰也是大多数人一般感受到的舒适程度。

现今，有研究者把人们对温度、湿度以及风力、风向等外界气象综合因素的主观感受程度称为人体舒适度指数，共划分为 10 个等级，即 10 级：稍冷；9 级：偏冷；8 级：凉爽、舒适；7 级：舒适；6 级：较舒适；5 级：较热；4 级：早晚舒适，中午闷热；3 级：中午炎热，夜间闷热；2 级：闷热，谨防中暑；1 级：非常闷热，严防中暑。

其实，这里的舒适度指数并不是依据某个人或少数人对环境的感受程度来划分的，而是参照一般人，即大多数人的共同感受程度来划分的，因此，它带有本书中某些“绝对”的色彩。

此外，带有这些“绝对”色彩的还有晨练指数（共分为 5 级）、感冒指数（共分为 4 级）及穿衣指数（共分为 8 级）等，它们也都是依据大多数人普遍感受的程度来进行划分的。

因此，本书也建议暂将人体绝对健康的程度划分为 10 个不同的等级，至于具体的划分标准和划分方案尚未确定，有待今后在健康学学科的统一指引下逐步完成。不过，可以初步确定的是，对于具有共同性、基础性的 1 级健康（在“良好温室条件下的健康”）来说，绝对 1 级健康与相对 1 级健康应该具有同等的含义，这就如同紧靠海边的山峰，其绝对海拔高度与相对高度数值应该基本相同的道理一样。

相对健康等级与绝对健康等级是从不同角度对健康进行认识的结果，它们具有各自不同的理论意义和现实意义，不可以互相替换。这就很像国家每年为劳动者增加工资时，增幅有相对增幅和绝对增幅两种一样。比如，甲乙两人工资的相对增幅相同，都为10%，但甲原先的工资是5000元/月，故其绝对增幅的实际增加值为500元/月；而乙原先的工资是3000元/月，同样按照10%的相对增幅，其绝对增幅的实际增加值则为300元/月，比甲少了200元/月。与此类似，青年人的体质一般比老年人强，一个相对健康为3级的青年人通常要比一个同样是相对健康3级的老年人具有更大的周期负荷量，也更能适应一般人所认为的不良环境，所以，他具有更高的绝对健康等级。与此相仿，近40年我自己的相对健康等级都基本保持在3级左右，然而，在这段期间，随着年龄的增长，我的体质有所下降，其绝对健康等级也必然随之下降。至于具体下降的幅度与等级，则有待今后健康学学科研究。所以，相对健康与绝对健康是从不同的角度来评估一个人的健康状况，它们之间可以互相参照、互相映证、互相补充，但不可以互相替代。

二、有意健康与无意健康

有健康意识，明确地为了健康目的或健康意向，并按一定的运动规律和方法进行运动所获得的健康称为有意健康，如人们通过各种体育运动而获得的健康；没有健康意识，或者不是以健康为主要目的而进行运动所获得的健康称为无意健康，如工人在车间劳动，农民在田野耕作等，他们的行为虽然符合我们对“运动”的定义，但却不符合体育运动的含义，虽然在这样的运动（实际上是体力劳动）中他们可以获得一定的健康，甚至很好的“超健康”，然而这种“运动”却不是以健康为主要目的，而是工作需要或者生活所迫，因此，他们的健康是在“无意向”中获得的。

有意健康是通过第二系统运动的体育运动而得到的，是“人”所特有的，也是当下人们正确认识健康、有效获取健康和超健康的主要渠道，而与第一系统运动相对应的无意健康，它包括大自然同时赋予动物和人类的健康，其中含有很多对于促进人体健康十分有用的运动原理和发生机制，比如，动物捕食、逃逸等突发性激烈运动究竟对健康起着什么样的作用，专门的体力劳动在人的健康与长寿中所起的正、反作用有哪些等，这些极为丰富而又复杂多变的内容都需要人们去挖掘和研究，可见，这些内容为健康学学科的发展也增添了不少素材。

三、局部健康与整体健康

人体是由许多局部的器官、系统组成的，世界卫生组织列出人健康的 10 项标准中，其中第 7、8、9、10 项属于局部健康范畴。不同器官、系统的健康状况与整体健康状况之间有着极为密切的关联，它们在整体健康中所占的重要性也各不相同。由此，我们至少可将其区分为关键部位的局部健康与非关键部位的局部健康两大类。关键部位，如大脑、心脏、神经等，其健康状况可以极度影响整体健康，甚至关系到生命存亡；而非关键部位，如头发、指甲等，相比之下，其健康状况对整体健康的影响就不是很大，其健康与否有时只是一种能够反映身体是否健康的“晴雨表”而已。所以，局部健康与整体健康的内在联系纵横交错，常常还互为因果，关系十分复杂，它们的具体状况在全面认识人体健康中极为重要，这些也有待于将来健康学学科对其进行分门别类的定性和定量研究。

此外，“整体健康”的表述仍可以沿用现有的“健康状态”一词，即具体将其划分为不健康状态、亚健康状态、健康状态和超健康状态，进一步则可用相对健康等级和绝对健康等级来表示其定量的健康状态。然而，对于局部健康而言，就不宜再用“健康状态”一词来表示了，为了有所区别，在此建议用“健康现象”一词，同时加上某器官、系统的健康等级来表示，如心脏健康现象（心脏健康 3 级）、大脑健康现象（大脑健康 5 级）等。由此，“健康状态”与“健康现象”这两个词语就可以在不同条件下分别使用了，至于对这些词汇使用原则与方法的科学界定，应该是健康学学科的一项任务。

四、主动健康与被动健康

从局部健康的概念中，还可以引申出主动健康与被动健康。

我们都知道，某些器官系统的健康和超健康是可以通过直接的运动而获得的，例如，肌肉系统的健康，心脏、肺脏等器官的健康，这种可以直接通过运动而获得的健康叫作主动健康；此外，还有一些器官，如肝脏、胰脏等，一般并没有针对它们的直接运动方式，所以无法对其行进专门的运动锻炼，它们的健康往往是随着其他相关器官系统的健康（当然包括通过养生等方式而获得的健康）而相应获得，因而具有一定的被动性质，故此称为被动健康。

一个器官系统的健康是否具有或者部分具有被动健康的性质，以及其被动健康来源于哪些相关器官系统主动的局部健康，此外，局部器官系统的主动健康又是如何直接或间接影响相应器官系统的被动健康，其中影响、转化机制和效应等等，所有这些问题也都应该属于健康学学科研究探索的范围。

五、动健康与静健康

健康，是通过身体对外界环境的适应性而产生的一种正常状态，适应性是人和动物都具有的共性。一个人长期在平和、温静、舒适环境条件下生活，且不进行锻炼，久而久之就会适应其安逸的环境，这样虽然可以免除各种因不良环境而带来的种种疾病，使身体保持一定的健康，特别是通过舒适条件下的科学养生行为来获取健康、维持健康，但这种健康很难适应多变而复杂的不良环境，有时只要环境稍微发生一点变化，身体就可能发生病变而进入不健康状态。相反，人如果常在户外多变且复杂环境下进行科学的身体锻炼，那么在相当程度上他（她）就可能获得更加适应性的健康（超健康）。

在此，我们把主要通过运动，特别是通过锻炼而获得的适应性健康称为动健康，而把主要通过医疗、保健、养生而获得的适应性健康称为静健康。

静健康大多属于0级或1级低等级别的健康，也是当下很多人所认识和追求的健康。然而，处于静健康状态中的人如果不进行体育锻炼或相应的运动，而只是完全满足于已有的健康状态，那么他（她）就很难进入到属于动健康的高等级超健康层次。所以，一旦人们对健康程度的认识改变后，那他（她）一定不会只满足于仅有的低等级健康状态，而会去追求超健康，去追求等级更高的动健康。动健康和静健康的所有机制问题也都是健康学学科所应该关注的。

六、长期健康与短期健康

长期健康与短期健康概念的提出实际上已涉及自古以来人们就十分关注的“长寿与健康”这一传统命题。比如，现实中常可见到这样的现象：健康者不一定都长寿，长寿者也不一定都健康，不健康者不一定都不长寿，不长寿者也不一定都不健康，所有这些错综复杂的外在现象及运动—健康—长寿三者之间本质上的非线性关系等实际问题，都急需新生的健康学学科认真研究并给予科学解答。

以上各种不同类型的健康，只是粗略根据当下人们的健康实际，采用发散性思维方法对健康概念进行多次划分的结果，这些结果在现实中都很容易找到相对应的人群。如果深入研究下去，我们还可以提出更多类型的健康，比如直接健康与间接健康、显性健康与隐性健康、无机健康与有机健康，等等。初步探索表明，每次对健康概念的逻辑划分，都可以打开很多进一步认识健康的窗口，而在每个窗口外面都可能呈现出一片广阔的健康领域，这些未知领域可供人们更深入地对健康进行探索。此外，每一次对健康概念划分的结果，从逻辑上讲，其健康概念本身都应该是周延的，而且采用多种划分方案划分出来若干次一级健康概念的外延，彼此之间又是相互交叉的，这就像对于“人”的概念进行多次划分后，同一个“人”可以同时共属于男人（按性别划分的结果）、年轻人（按年龄划分的结果）、教师（按职业划分的结果）、副教授（按职称划分的结果）……一样，同一个“人”的某些健康状况在属于有意健康的同时，亦可具有相对健康 3 级和绝对健康 5 级，等等。这就为综合而全面地了解健康、认识健康、研究健康提供了广阔天地，由此才可能全面、系统、深入地了解一个人真实的健康状况，从而更容易找到具体的、适合于其身体实际的健康升级方式和健康升级做法。这才是健康学学科直接为人类健康事业服务的目的所在。

总之，如此众多的健康表象，如此复杂的健康内容，如此深奥的健康本质，都迫切需要有一门系统的健康学学科给予定性和定量的分析、研究、解释。对于健康概念的深层次研究已经启动，健康学学科的任务也逐渐明朗，那就是：研究并实施如何使不健康的人变为健康之人，以及如何使健康之人进入超健康状态。为了人类的健康事业，我们期待着健康学学科及早诞生。

第四节　设想中体医融合的健康学学科雏形框架

根据当下人们对于健康的认识水准和需求状况，在此只是初步提出健康学学科雏形框架的设想，以提供，而且仅仅是提供给人们进行更深层次的研究、修改、补充、完善，从而为健康学的诞生起到抛砖引玉作用。当然，这其中完全可能会因所提内容不太合适，或者很不合适而在以后进行一定程度的修改，甚至完全被推倒重来，但即使这样，本书所提出的设想至少也可以为他人建立健康学学科起到一个垫脚石作用。所以，无论所提设想的框架有什么缺陷与不足，甚至完全不可使用，它都会有助于健康学的诞生和发展。

从前述有关内容可知，健康学学科的内涵极为丰富，它所涉及的范围也十分广泛，与当下的医学、体育学、心理学、生物学等众多门类学科都有一定的联系，但这些内容却不宜直接归入健康学学科之中。故此，建议健康学学科另列一个新的学科大类。

本书试提出的健康学初步框架以及在国家学科目录中的参考位置，大致如下。

学科大类：健康学

一级学科：

（遵照世界卫生组织对“健康”的最新解释，即已把健康从身体健康扩展到心理健康、道德健康和社交健康的高度，那么就应该形成与之对应的4个一级学科）

身体健康学

心理健康学

道德健康学

社交健康学

其中，本书只涉及身体健康学一级学科。

身体健康学是研究人的身体在各种不同环境条件下能适应性维持正常生理机能的生活方式和生活规律的学科。

按照健康升级中所包括两个方面的内容及《“健康中国2030”规划纲要》中提出的“加强体医融合”精神，身体健康学一级学科至少可下设运动健康学和养生健康学 2 个二级学科，具体如下。

① 运动健康学，含：

普通健康学

生理健康学

行为健康学

运动健康学

运动康复学

……

② 养生健康学，含：

静态养生学

动态养生学

营养生理学

营养学

保健学

自愈健康学

……

参考文献

[1] 庄寿强．时间、穿时及地层的时差对比——地层学中若干基本问题的开放性探究［M］．徐州：中国矿业大学出版社，1994.

[2] 庄寿强．间隔锻炼健身法及其超健康状态初探［J］．运动，2016（137）.

[3] 庄寿强．普通行为创造学（第四版）［M］．徐州：中国矿业大学出版社，2013.

[4] 孟刚．田径［M］．北京：北京师范大学出版集团，2008.

[5] 庄寿强．地质创造学［M］．徐州：中国矿业大学出版社，2000.

[6] 庄寿强．地质旅游学纲要［M］．徐州：中国矿业大学出版社，2014.

[7] 庄寿强．普通行为创造学（英文版）［M］．徐州：中国矿业大学出版社，2014.

[8] 李洪滋．运动与健康［M］．北京：化学工业出版社，2004.

[9] 陈智勇．新编大学体育教程（第2版）［M］．北京：北京航空航天大学出版社，2014.

[10] 陈扬建．逻辑学基础教程［M］．北京：科学出版社，2011.

[11] 中国社会科学院语言研究所词典编辑室．现代汉语词典（第7版）［M］．北京：商务印书馆，2016.

[12] 段国富，曲丽萍．体育与健康（三年制）［M］．北京：化学工业出版社，2003.

[13] 陆孝光．大学体育理论与实践教程［M］．北京：国防工业出版社，2013.

[14] 唐宏贵．体育健身原理与方法［M］．武汉：湖北长江出版集团，湖北人民出版社，2000.

[15] 田麦久．运动训练学［M］．北京：人民体育出版社，2000.

[16] 吕新颖．运动生理学［M］．南京：南京大学出版社，2002.

[17] 李鸿江．田径（第三版）［M］．北京：高等教育出版社，2014.

[18] 周桂荣．体育保健与康复（第二版）［M］．北京：高等教育出版社，2013.

[19] 陈衡．科学研究的方法论［M］．北京：科学出版社，1984.

[20] W. L. B. 贝弗里奇．科学研究的艺术［M］. 陈捷，译．北京：科学出版社，1979.

[21] 龚坚，张新．体育教育学［M］. 重庆：西南师范大学出版社，2006.

[22] 陈莉．大学体育与健康［M］. 武汉：武汉大学出版社，2014.

[23] 新思维英汉词典编写组．英汉词典［M］. 北京：商务印书馆，2014.

[24] 鲁迅．鲁迅作品（一）［M］. 吉林：时代文艺出版社，2004.

附　录

附录一
书中部分新名词解释及名词新解释

运动：人（动物）利用自身力量来改变（含负重改变）身体各部位之间的相对位置，或者改变其整体位置的活动。

体育运动：以增强体质促进健康，或者以提高运动水平为目的而进行的运动。

运动度：人体运动时运动负荷量的变化程度。

相对运动度：运动者一次运动过程中运动负荷量达到其最大极限负荷量的程度。按一次运动负荷量达到其极限负荷量的比值，相对运动度可划分为 10 个等级，即 10 个“度”。其中第一个等级运动，即 1 度运动，比值为 10%，以后每个等级按极限负荷量的 10%递增。

锻炼：具有 3~8 度运动负荷量的运动。其中 3 度和 4 度运动叫轻度锻炼，5 度和 6 度运动叫中度锻炼，7 度和 8 度运动叫深度锻炼。

活动（狭义）：具有 1 度和 2 度负荷量的运动。

运动周期：一次运动的全部过程，即从开始运动时身体各器官系统工作能力逐步下降，到运动后身体相对恢复，直至超量恢复这三个阶段的全部过程。

健康负荷量：即超健康运动负荷量，是在整个间隔锻炼过程中，出现在每一个锻炼周期里较为稳定的运动负荷量。

间隔（时间）：相邻两个锻炼周期之间的非锻炼时间。

间隔锻炼（法）：锻炼者在不影响后一个锻炼周期锻炼效果的前提下，尽量延长相邻两个锻炼周期之间间隔时间长度的锻炼（法）。

第一系统运动：人类与动物所共有的、在长期自然进化过程中进行的本能性、先天性运动。

第二系统运动：在一定抽象思维及语言等第二信号刺激下进行的后天性运动，是人类所特有的运动。

健康度（健康的程度）：人体能健康地适应各种不良环境的程度。根据健康度的差异，身体健康可划分为 8 个不同级别的相对健康等级。

超健康：人体在不良、不利、不正常甚至恶劣环境条件下仍然表现出来的健康状态。

“三健康”观：即当下主流的健康观，是两千多年来传统“将人体健康状况划分为健康状态，不健康状态和亚健康状态共三种状态”的认识观。

“四健康”观：本书试提出的健康观，是将人的健康状况划分为不健康状态、亚健康状态、健康状态和超健康状态共四种状态的认识观。

健康升级“三部曲”：指养生、健身和炼身三级理想式体医融合的促进健康之路。

（身体）健康学学科：研究人体在各种不同环境条件下能适应性维持正常生理机能的生活方式和生活规律的学科。它至少包括“运动健康学”和“养生健康学”两个次一级的学科。

附录二

导游专业《巧步走》 大学生课程教学大纲（18 学时）

（××旅游学院）

一、教学目标

（1）学习并掌握巧步走的基本知识和训练方法，提高学生的身体素质和行路技巧。

（2）根据巧步走的运动特点，培养学生对运动动作的分析思考意识、创造性思维以及吃苦耐劳精神。

（3）提高学生长时间行路的耐力素质，由此提高在导游工作中的行路效率，延长行路过程中疲劳点的到来时间。

二、教学内容与学时分配

教学内容与学时分配表

类别	教学内容	时长（学时）	百分比（%）
理论部分	巧步走的含义及其与相近运动关系	2	22.2
	巧步走的技巧及其在导游中的意义	2	
实践部分	学生习惯性行走现状	2	61.1
	平路巧步走技术及训练	3	
	上坡巧步走技术及训练	1	
	下坡巧步走技术及训练	1	
	综合巧步走训练	4	
其他	考试	1	16.7
	机动	2	
合计		18	100

三、教学内容纲要

（一）理论部分

（1）体育锻炼在实现人生志向中的作用；

（2）巧步走运动技术是导游业的一种需要；

（3）巧步走运动动作的科学分析——被现代体育所忽视的运动思维方式。

（二）实践部分

（1）基本技巧

①巧步走的技术关键因素——有意识放松。

②平路巧步走的技巧：步伐长度与步伐频率的协调，后腿用力的时间、力量的分配及前腿放松技巧。

③ 上坡（台阶）巧步走的技巧：步伐长度与步伐频率的协调，后腿的用力及放松技巧。

④下坡（台阶）巧步走的技巧：步伐长度与步伐频率的协调，重力势能的利用与放松。

⑤巧步走的五要点：抬、送、落、移、蹬。

（2）身体素质：800～1200 米耐力跑。

四、成绩考核的内容与比重

1. 学习过程评价及标准

具备大学生应有的体育意识，学习态度端正，锻炼积极，在掌握巧步走技能上有进步；无旷课、无恶意请假。有下列行为之一者，本课程成绩不及格：

a. 病、事假累计达 1/3 学时不能参加技能考试；

b. 旷课或恶意请假一次扣 5 分；三次以上不能参与专项技能的考试（迟到、早退一次扣 1 分，三次按一次旷课计）。

2. 课程理论考试

以口头提问的方式进行，根据学生回答给分。

3. 考核内容及操作方法

在 50 米连续巧步走中进行考核。

90 分以上：步长与频率关系和谐，后腿蹬直且用力十分恰当，前腿完全放松，步伐极其轻快；

80分以上：步长与频率关系和谐，后腿蹬直且用力比较恰当，前腿基本放松，步伐较为轻快；

70分以上：步长与频率关系和谐，后腿蹬直且用力恰当，前腿稍能放松，步伐较为轻快；

60分以上：步长与频率关系大体和谐，后腿蹬直且用力恰当，前腿稍能放松，步伐不轻快；

60分以下：步长与频率关系不和谐，后腿蹬直且用力不恰当，前腿不能放松，步伐较沉重。

五、推荐教材和教学参考书

因本课程为新创建，且具有试点性质，其内容大多为现代体育（课）所不涉及的范围，故暂未见合适的教材和教学参考书。

大纲制订人：庄寿强

制定时间：2013年6月

注：经学院教务处审批后安排，该课程为院级选修课，1.0学分，于2013年10月17日开课，选修人数20人。

附录三
锻炼记录本中部分内容自设标题一览

△ 系运动会观后。1963.12.10。

△ 1964年总结。1965.1.7。

△ 剖析10000米跑。1965.4.1。

△ 校运动会观后感。1965.4.26。

△ 南京市高校运动会观后。1965.5.17。

△ 体育会议记录（主席：大脑；发言者：腿、臂、腰、心脏、肺、胃等）。1965.5.18。

△ 下半年锻炼计划。1965.7.1。

△ 练出水上硬功，征服江河湖海——纪念横渡长江一周年。1965. 8. 18。

△ 失败者，成功之母——校田径友谊赛之教训。1965. 11. 14。

△ 刻苦锻炼，迎接 12 届系运动会。1965. 11. 24。

△ 革命需要我炼出一付“飞毛腿”——记校越野赛。1965. 12. 18。

△ 一枚纪念章——1965 年锻炼总结及南京市元旦越野赛。1966. 1. 1。（图 1-3、图 1-9）

△ 与水奋斗，其乐无穷——渡江回顾。1966. 10. 4。

△ 梅花欢喜漫天雪，冻死苍蝇未足奇，1963—1967 年冷水浴总结，1967 年冬泳决心。1967. 10. 30。（图 1-7）

△ 三九严寒何所惧　一片丹心向阳开——冬泳一周年总结，1968 年锻炼规划。1968. 4. 25。

△ 两旁春色望不断　捷步已越紫金山——记早晨越野跑。1968. 4. 29。

△ 读书笔记：体育与生理卫生的辩证关系。《青年卫生常识讲话》（危石著，上海科技出版社）1968. 5。

△ 长江水深流急，可以锻炼身体，可以锻炼意志——1968 年横渡长江纪实。1968. 7. 18。

△ 总结，挖根，前进，提高。1968. 7. 22。

△ 丰收的硕果　辉煌的战绩，1968 年度冬泳、游泳总结。1968. 9. 18。

△ 独有英雄驱虎豹　更无豪杰怕熊罴——立誓在青海高原完成艰苦的锻炼任务。1968. 10. 8。

△ 沙滩风光好　正是锻炼时——在青海高原突破 10000 米跑实况。1968. 11. 30。

△ 到西藏去——记在青海高原上突破 25000 米跑。1968. 12. 25。

△ 雄关漫道真如铁　而今迈步从头越——1968 年锻炼总结，1969 年锻炼规划。1968. 12. 31。

△ 冬泳万岁——纪念毛主席在邕江冬泳 11 周年。1969. 1. 7。

△ 青春烈火正熊，春岂在温室草木丛——在青海高原上一冬冷水浴总结。1969. 4. 1。

△ 不要吃老本，要立新功。1969. 6. 2。

△ 必须从零开始——1969 年锻炼总结，1970 年锻炼决心。1969. 12. 31（图

1-8）。

△ 发扬“一不怕苦，二不怕死”的革命精神——1970年1月锻炼小结。1970.2.1。

△ 冰水刺骨头不回，烈日酷暑志更坚——1969年冷水浴总结，1970年日光浴决心。1970.5.2。

△ 偏向悬崖攀绝峰——纪念毛主席题字“发展体育运动　增强人民体质”发表18周年。1970.6.10。

△ 坚持就是胜利——三论“不要吃老本，要立新功”。1970.8.1。

△ 破除迷信，解放思想，誓让青春永远闪光——1970年锻炼总结，1971年奋斗方向。1971.1.6。

附录四
相关自我格言及创造思絮摘录[①]

一、自我格言

○ 一切为了地质。（1962）

○ 为健康从事60年地质工作而科学地锻炼身体。（1963）

○ 明确的目的性可以产生持之以恒的动力。（1963）

○ 在青海高原锻炼身体更要时时讲究科学性。（1968）

○ 相信权威，尊重权威，但决不迷信权威。（1979）

○ 创造就是在人们认为不可能的地方去寻找可能。（1989）

○ 做人必须正直，讲诚信；做事必须认真，戒急躁；研究必须细致，忌主观；创造必须大胆，要自信。（1993）

○ 扎实做学问，决不赶时髦，时髦的东西往往短命。（2001）

○ 仍然一切为了地质。（2006）

---

①摘自庄寿强：《普通行为创造学（第四版）》，第224-228页；该原创性教材（专著）的第一版于2001年荣获至今为止仍是唯一的“创造学”国家级教学成果奖。

○ 仍然为健康从事60年地质工作而科学地锻炼身体。（2006）

二、创造思絮

☆ 大权威也会犯“小错误”，用心发现这些“小错误”便是创造的开始。

☆ 人们越是普遍认为没有问题的地方，恰恰越可能存在问题。而这些问题一旦被发现，就很可能是重要问题、关键问题甚至是突破性问题。

☆ 我的研究大多属于“超前性”，而不是“前沿性”范畴，因此“理所当然”地得不到各类基金的支持。

☆ 我知道我在地层学、创造学和地质旅游（学）研究中总是少数（派），我更知道一个领域的拓荒者也是少数（派）。燎原烈火最初都源于小小的火星。

☆ 20世纪70年代，某些权威说我对国际前沿地质理论的质疑是“太狂了”；80年代，某些专家说我研究创造学是“不务正业”“胡说八道”；90年代，某些学者极力用国外的创造学来否定我创立的行为创造学；本世纪初，旅游学界权威刊物拒绝刊登我对国内外关于“旅游”通用定义否定的文章——看来不能指望在赞美声中进行创造。

☆ 一个创造者如果具备了哲学头脑，他的创造成果就可以比原来增加一倍；如果又具有创造学头脑，那么他的创造成果还可以再增加一倍。

☆ 学问者，既要学也要问。现在的教育只强调教“学”而忽视教“问”。其实，教“问”恰是培养创造能力的重要内容。

☆ 中国的地质现象齐全、丰富，为什么不能让“老外”向我们学点什么呢？为什么不可以让“老外”与我们“接轨”呢？

☆ 奇怪吗？“地层”这个最基本的概念至今在地质学界居然没有一个符合定义标准的定义——连国际地质科学联合会多次出版的权威之权威的《国际地层指南》中关于“地层”的定义也完全不符合定义的定义——其实这并非地质学特有的现象，其后我陆续发现在创造学界、旅游学界和体育学界都存在被人们盲目崇拜的出自国际权威组织的基本概念的定义都是站不住脚的——由此我又找到了广阔创造空间的新入口。

☆ 在40年来的创造性学术研究中，我提出了地层时差对比的新理论，创建了行为创造学、地质创造学、地质旅游学和旅游创造学，又用 50 年的体育锻炼实践与创造性思考提出了反常规的“间隔锻炼法”。由此发现创造性学术研究可以利用三种思想武器在三个层次上逐步进行。第一层次：利用行为创造学解决基础性具体问题——其时应该言之有理；第二层次：利用形式逻辑学解决上中下关联问题——其时应该自圆其说；第三层次：利用辩证法哲学挑战全球性权威问题——顺势建立新学说。

☆ 为了学术道德的尊严，我回绝了虽有万元出场费但却须扭曲创造学本质的官方讲学——纯洁的学术不容金钱来玷污。

☆ 因为热衷于创造，我多次失掉了许多随流者轻易猎取的官方名利；
因为热衷于创造，我终于得到了少数拼搏者梦寐以求的社会认可。
我是个幸运的人！

后　记

（一）

本书初稿完成于2018年。由于早先与某出版社有过近30年愉快合作经历，故彼此默许成书出版。然而，2019年写完前言后却发生了意外，这才不得不另寻他处，从而拖延了两年的出版时间。由此，为了尊重事实出现的客观性，除有专门的注明外，书中所涉及的实际资料及引用信息等，其时限均截止于前言落款的2019年6月。在此真诚地向众多急于见书的读者表示歉意的同时，也感谢他们在这期间给了我许多热情的支持与鼓励。

当下出一部书并不太难，但很多却是要以损害一定学术精神为代价的，这就违背了我一贯做人做学问的准则。此外，本书的探索性成果也不属于官方事先纳入研究项目的结题，只是一个地质学学者为满足众多知情运动爱好者和健康追求者的要求，为配合落实中央体卫结合与体医融合的相关精神而能让更多的人从中获益，才超出本专业之外将自己一生锻炼实践经过理性上升后结集成书而已，故而在出版中难以得到业内人士的认同，再加上自己始终又坚持“宁可不出书也不玷污学者应有人格”的信念，这在当下无疑又增添了出版的困难——两年来至少有十多家出版机构由此与我分手。在此十分感谢云南大学体育学院院长、南京理工大学动商研究院院长王宗平教授将本书介绍给人民体育出版社，在该社尊重科学、尊重创新、尊重学者并切实为广大民众运动健康服务理念的指导下，才促使了本书的问世。此外，还要感谢江苏省老科技工作者协会对本书的大力支持和充分肯定，使我不由地产生了一种特有的事业归属感。更为荣幸的是，现任清华大学体育部党总支书记、体育学博士研究生导师马新东教授得知本书的有关信息后，在百忙中欣然作序，此举使我感动不已，在此谨向马教授表示深切的感谢！

（二）

本书的内容与同类著作相比区别明显，为了突出其特色，在写作过程中曾对书名罗列过100多个可能的方案，与几十位业内外热情人士进行过商讨。经反复比较筛选，最后才勉强确定了书名。这其中所讨论的焦点主要集中在以下三个方面：

第一，书名较长。由于本书是多年锻炼的总结提升，明显地具有实践性、探索性、理论性、超前性、实用性及创新性等特色，因此，要在书名上尽量显示之则必然会拉长书名。经过众多好友咬文嚼字，最后书名才得以确定。虽然仍旧偏长，但也只能算是比较合适的选择了。

第二，书名是用间隔运动还是间隔锻炼？有些人士建议用间隔运动，这样似乎更容易为人们所接受。然而，正如书中所述，恰恰是因为人们常把锻炼与运动两者混淆使用，才使得当下在社会普及，甚至在专业文献中形成了种种误识和误导信息。由此，为了更严密、更准确、更有效地确定书名，我对运动与锻炼的概念在学术上做了三年多的基础理论性研究，在取得了较为明确认识后才使用“间隔锻炼”作为书名。

第三，书名的副标题中是采用体医融合还是体卫结合？一种观点认为，为了体现与时俱进，也为了能吸引更多读者眼球，建议用最时髦的“体医融合”；另一种观点认为，“卫生”概念的外延明显大于“医”，虽然书的后半部分在探索健康学学科时多处提到过“体医融合”，但从全书所述整个锻炼过程来看，其内容还是与“卫生”中的非医部分更为密切。故此，为了尊重几十年锻炼的客观事实，也为了与书的内容更相符，即使在吸引读者眼球方面会产生一些影响，也应该恪守实事求是原则，于是在副标题中仍然采用了“体卫结合”。

庄寿强

2021年4月